불안 좀 아는 10대

철학 좀 아는 십 대 이로

내 안의 불안은
어디에서 왔을까?

이재환 글
신병근 그림

프로이트 VS 니체

불안 좀 아는 10대

풀빛

친구들 앞에서 발표할 때 다리가 후들거리거나 목소리가 염소처럼 떨리거나, 땀이 나서 손바닥이 축축해진 적 있어? 그래서 발표하기 전이나 발표할 때마다 불안해? 아니면 시험 기간에 시험을 망칠까 봐 불안한 적은 없어? 시험을 망치면 엄마를 실망시키지는 않을까, 나를 믿어 주는 누군가를 실망시킬까 봐 불안해?

아니면 친구 관계 때문에, 단짝인 친구가 나를 버릴까 봐, 나에게 실망하고 싫어하게 될까 봐 불안해? 혹시 나는 앞으로 뭐가 될까, 원하는 대학은 갈 수 있을까, 다들 취업이 어렵다고 하는데 직업은 가질 수 있을까 불안한 적은? 아니면 다른 친구들은 공부도 잘하고 춤과 노래에 재능도 있고 집도 잘 사는 것 같은데, 그에 비해 나는 공부도 그저 그런 것 같고 예체능에 재능이 있지도 않은 데다가 외모도 보통이고 부자도 아니어서 다른 친구들과 자꾸 비교하게 되고 매번 우울해지진 않아?

이렇게 우울하거나 불안한 이유가 나한테 문제가 있어서인 것 같고, 그래서 내가 정상이 아닌 것 같은 생각에 더 우울하고 불안해진 적은 없어? 그렇다면 지금부터 내가 하는 이야기를 잘 들어 봐.

그러고 보니 내 소개를 안 했네. 혹시 《나다움 쫌 아는 10대》를 읽은 사람이 있다면 나를 기억하고 있을 것 같아. 아직 안 읽어 봤다 해도 괜찮아. 지금부터 알아 가면 되니까. 나는 이 책에 등장하는 상담 선생님이야. 요즘 들어 부쩍 우울하거나 불안하다고 상담실을 찾아오는 학생들이 많아졌어. TV나 유튜브에서도 '공황장애', '우울증' 같은 말을 많이 사용하기도 하고, 또 '트라우마' 같은 말도 자주 눈에 띄지. 그런데 사실 이런 말들이 우리를 더 불안하게 만드는 것 같기도 해. 우울하거나 불안한 건 마치 내가 정상이 아니기 때문인 것 같고, 내게 정말 문제가 있는 것 같다는 생각이 들게 하잖아. 그래서 상담실에 찾아오는 학생들이 더 늘어난 것 같기도 해.

사실 요즘은 학생뿐만 아니라 어른들도 많이 불안하다고 해. 2021년에 보건복지부가 발표한 정신건강실태조사 보고서를 보면 설문 참여자의 27.8퍼센트가 평생 한 번 이상 정신 장애를 겪은 적이 있다고 응답했어. 그러니까 어른 4명 중 1명 이상이 평생

한 번은 자기 정신에 문제가 있다고 느끼며 살고 있다는 거야. 이 때 정신 장애는 불안도 포함하고 있으니까 학생이든 어른이든 불안하기는 마찬가지라는 생각이 들어.

하지만 불안이 꼭 나쁜 것만은 아니고, 불안하다고 해서 정상이 아닌 건 아니야. 그래서 나는 상담실을 찾아오는 학생들에게 불안한 걸 불안해하지 말라고 항상 이야기해. '아니, 불안이 나쁜 게 아니라고?' 지금 이렇게 생각하는 사람도 있을 거야. 그런데 한 번 생각해 봐. 만약 발표나 시험 때문에 불안하지 않으면 우리는 미리 준비하지 않을 지도 몰라. 그럼 발표나 시험을 망칠 수도 있잖아. 그러니까 불안이 꼭 나쁜 것만은 아닐 수 있어. 불안은 우리가 다가올 일을 미리 대비할 수 있게 해 주거든.

불안하다고 해서 내 마음이 정상이 아니라고 걱정할 필요도 없어. 불안한 건 어쩌면 내 마음이 정상적으로 작동하고 있다는 표시일 수도 있거든. 인간이라면 누구나 조금씩 불안하기 때문에, 불안한 감정에 대해서 두려워하지 말라고 이야기하는 거야. 중요한 건 우리가 불안한 마음을 갖게 되는 그 이유를 아는 거야. 이유를 알면 불안을 더 자연스럽게 받아들일 수 있어.

《나다움 쫌 아는 10대》에서 '나'가 누구인지, '나다움'이 무엇인지 고민하던 영민이가 어느 날 상담실로 찾아와서 발표를 앞두

고 무척 불안하다는 고민을 털어놓았어. 그리고 시험을 망칠까 봐 불안하다는 거야. 부모님을 실망시킬까 봐 걱정된다는 거지. 또 항상 고민 없어 보이던 재영이도 대학은 갈 수 있을지, 자신의 꿈은 이룰 수 있을지 불안하다고 하더라. 그래서 우리는 불안에 대해서 오래 이야기를 나누게 됐고, 이 책은 그때 우리가 나눴던 이야기를 정리한 거야. 어때, 불안에 대해 우리가 무슨 이야기를 나눴는지 궁금하지 않아? 그러면 지금부터 이 책을 끝까지 한 번 읽어 봐. 왜 우리가 불안을 느끼면서 사는지, 불안이 우리에게 무슨 의미가 있는지, 또 우리는 그 불안에 어떻게 대처할 수 있는지 알게 될 테니까. 그러니까 이 책에는 '불안에 대처하는 우리의 자세'에 관한 내용이 담겨 있어.

이 책에서 불안이라는 미로에서 탈출구를 발견할 수 있게 우리를 도와줄 사상가들은 오스트리아의 정신과 의사였던 지그문트 프로이트(Sigmund Freud, 1856~1939)와 독일의 철학자 프리드리히 니체(Friedrich Nietzsche, 1844~1900)야. 프로이트는 우리의 마음을 해부해서 불안한 이유를 자세히 설명해 줘. 니체는 삶이 내 마음대로 되지 않아서 불안할 때 우리가 어떤 태도를 가져야 하는지 자세히 알려주지. 자, 그럼 지금부터 두 사람의 말에 귀를 기울이면서 불안을 이해할 수 있는 힌트를 찾아보자.

✬ 차례 ✬

들어가는 글 **4**

1
우리는 모두
불안한 인간   **11**

2
당신의 욕망을
변신시켜 드립니다, 무의식   **21**

3
내 안의 욕망 덩어리를
다스리는 법   **43**

4
love yourself,
불안을 막는 주문   **65**

5

나만의 가치를 가진

83 **초인이 되라고?**

6

다시 '나'로 태어나더라도

113 **후회 없게 살아 보기**

7

어린아이처럼

131 **살라고?**

8

나만의 가치를 찾아

145 **건강한 몸 만들기**

1

우리는 모두
불안한 인간

영민	선생님, 안녕하세요?
선생님	이게 누구야? 영민아, 방학은 잘 보냈지?
영민	그게…. 그렇게 잘 보낸 건 아닌 것 같아요.
선생님	그토록 기다리고 기대하던 방학인데 왜 잘 못 보냈을까?
영민	지난 학기에 선생님하고 '나다움'을 주제로 이야기 나누고 친구들 앞에서 발표를 했잖아요. 처음에는 안 그랬는데 나중에는 친구들 앞에서 발표하는 게 너무 불안했어요. 그 이후로 사람들 앞에서 공식적으로 이야기하는 게 너무 힘들어요.
선생님	공식적으로 이야기할 때?
영민	네. 친구들하고 편하게 이야기하는 건 괜찮은데 수업 시간에 발표할 때 있잖아요. 그럴 때는 너무 불안해서 심장이 빨리 뛰고 손바닥에 땀도 많이 나고, 어떤 때는 배도 조금 아파요. 발표할 때 원래 조금 긴장하는 편이지만 이 정도는 아니었는데 점점 심해지는 것 같아요. 그래서 방학 때 왜 그럴까 혼자 고민도 많이 했는데 이유를 잘 모르겠어서 개학하자마자 선생님께 찾아온 거예요.
선생님	아이고, 영민이가 자기소개 발표 때문에 마음고생이 심했구나. 영민이가 나다움에 대해서 고민을 많이 하더니 정말

잘하고 싶은 마음에 많이 떨려서 불안했나 보다.

영민 그게 아닌 것 같아요, 선생님. 사람들 앞에서 말하는 것 때문에 조금 떨리는 정도가 아니라, 발표하기 전이나 발표할 때도 너무 긴장되고 불안해요. 발표하기 전에는 잘해야 된다는 생각 때문에 불안하고, 발표할 때는 다른 사람이 나를 보고 있다고 생각하니까 더 불안하고, 또 못하면 친구들이 나를 놀릴까 봐, 선생님이나 부모님을 실망시킬까 봐불안한 것 같아요. 그런 불안감 때문에 결국 발표를 망치면 자존감도 낮아지고 다음에 더 불안해지고…. 완전 악순환이에요.

선생님 아, 선생님이 생각한 것과 좀 다르구나. 그렇게 구체적으로 이야기하는 거 보니까 영민이가 방학 동안 고민을 많이 했나 보다. 마음에 계속 불안감이 있구나.

영민 그리고 이제 자유학년제도 끝나고 시험도 봐야 하잖아요. 시험을 본다고 생각하니까 불안해서 방학 때 학원도 다니고 그랬어요. 엄마한테 학원에 보내달라고 한 건 제 인생에서 처음인 것 같아요.

선생님 시험도 불안해? 왜 그럴까? 시험을 잘 보고 싶어서?

영민 정확히 잘 모르겠어요. 다른 친구들보다 시험을 못 볼까

봐 불안하기도 하고, 또 시험을 망치면 엄마가 실망하는 것도 불안한 것 같아요.

선생님 선생님은 영민이가 슬슬 중2병이 시작되는 건가 했는데 그게 아니네. 그럼 우리 개학도 했으니 이번 학기는 선생님이랑 불안에 대해서 이야기해 볼까?

영민 불안이요? 이건 진짜 상담 같은 건가요?

선생님 글쎄, 선생님이 상담 선생님이니까 상담이라고 할 수도 있고, 아니면 지난번 나다움에 대해서 이야기할 때처럼 그냥 선생님과 철학에 대해서 이야기하는 거라고 생각해도 되고.

영민 지난번에 선생님하고 데카르트와 레비나스 이야기할 때 되게 재밌었어요. 방학 때 다빈이랑 재영이도 만났는데, 선생님하고 했던 철학 이야기가 중학교 들어와서 제일 기억나는 일 중의 하나라고 그랬어요.

선생님 참나, 너희들 중학교 들어온 지 얼마나 되었다고 벌써 그런 말이 나오냐. 유치원생들이 자기 인생에서 제일 힘들었던 일이라고 말하는 것과 비슷하네.

영민 그렇긴 하네요. 그래도 내가 고민하는 문제에 대해서 철학자들이 어떻게 생각하는지 듣는 것도 좋았고, 또 궁금한

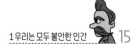

게 있으면 선생님한테 바로 질문하고 선생님께서 대답도
잘해 주셔서 뭔가 수준 높은 대화를 하는 것 같은 착각도
들었어요.

선생님 그건 착각이 아니라 진짜거든! 우리가 했던 대화들은 선생
님이 생각하기에도 진짜 수준이 높았어.

영민 그럼 다빈이랑 재영이도 오라고 할까요? 선생님과 또 철
학 이야기한다고 하면 엄청 좋아할 거예요.

선생님 이번에는 우리 둘이 이야기하는 게 낫지 않을까? 아무래
도 불안이라는 주제로 이야기를 하다 보면 개인적인 이야
기를 할 수도 있으니까.

영민 진짜 상담 같은 건가 보네요. 뭐, 상담이라도 괜찮아요. 왠
지 선생님하고 이야기하다 보면 불안한 이유도 알 것 같
고, 또 불안한 마음도 좋아질 것 같은 느낌이 들어요.

선생님 그래, 선생님도 그러면 좋겠네. 혹시 모르니까 일단은 우
리 둘만 이야기하는 걸로 하자. 영민이가 여러 가지로 불
안하다고 하니까 선생님도 조금 걱정이 되네. 근데 이 주
제에 대해서 본격적으로 이야기하기 전에 선생님이 하고
싶은 말이 있어.

영민 뭔데요, 선생님?

선생님 사실 영민이만 불안한 게 아니라 사람이면 누구나 조금씩 불안감을 느끼고 있다는 거야.

영민 정말요? 선생님도 불안하세요? 어른들은 하나도 불안하지 않은 것처럼 보여요. 그래서 솔직히 어른들이 부럽기도 해요.

선생님 물론 선생님도 불안하지. 또 선생님이 잘은 모르지만, 영민이 엄마 아빠도 불안하실 거야. 어떻게 아냐고? 아까 말했듯이 인간이면 누구나 조금씩 불안하니까. 물론 그렇다고 해서 선생님이나 영민이 부모님이 영민이처럼 시험을 못 볼까 봐 불안하지는 않겠지.

영민 그럼요? 그럼 왜 불안하신 거예요?

선생님 영민이도, 선생님도, 또 영민이 부모님도 불안한 이유가 조금씩 다를 수는 있지만, 방금 이야기한 것처럼 인간이라면 어떤 식으로든 모두가 불안을 겪고 있다고 할 수 있어.

영민 선생님, 잘 이해가 안 돼요. 인간이면 누구나 불안하다고 하셨는데 왜 불안한 거예요?

선생님 그래, 바로 그 이야기를 이제 해 볼까 해. 근데 그 이야기를 시작하면 너무 길어질 것 같은데, 그 이야기는 다음에 만났을 때 본격적으로 해 볼까? 그래도 하나만 더 이야기하면 불안이야말로 인간에게 꼭 필요한 거라고 할 수 있어.

영민 네? 불안이 꼭 필요한 거라구요? 왜요?

선생님 생각해 봐, 영민아. 네가 불안했기 때문에 발표를 더 잘하려고 준비할 수 있었고 시험공부도 미리 했잖아. 만약 불안하지 않았다면 그렇게 준비하지 않았겠지? 그런 면에서 불안한 마음을 견디는 것은 힘든 일이긴 하지만, 불안이 무조건 나쁜 것만은 아니지 않을까?

영민 아, 듣고 보니 정말이네요, 선생님.

선생님 그러니까 불안한 걸 너무 불안해 하지마.

영민 네, 선생님. 불안한 이유가 저한테 문제가 있어서인 줄 알았는데 그런 게 아니라고 해 주셔서 일단 마음이 좀 놓이네요.

선생님 방학 동안 영민이가 의젓해졌네. 그럼 우리는 곧 다시 보자.

영민 네, 선생님. 안녕히 계세요.

2

당신의 욕망을
변신시켜 드립니다,
무의식

영민   선생님, 안녕하세요?

선생님   어서 와, 영민아. 잘 지냈니?

영민   네, 그럭저럭이요.

선생님   불안한 건?

영민   그것도 그럭저럭이요.

선생님   그래, 불안이 관리가 될 정도면 괜찮아. 왜 그런지는 오늘 이야기해 보기로 했지?

영민   네, 빨리 이야기하고 싶어요.

선생님   이야기가 좀 길어질 수도 있을 것 같은데 일단 한 번 시작해 보자. 영민이는 혹시 '무의식'이라는 말 들어 봤니?

영민   그럼요. 사람들이 가끔 "내가 무의식중에 이야기를 해 버렸네"라고 말하잖아요.

선생님   아마 친구들끼리도 무의식이라는 말을 자주 쓸 거야. 그런데 무의식이 뭘까?

영민   그야, 무의식이니까 의식이 없다는 말 아니에요?

선생님   그래, 그 말이 맞기도 하고 틀리기도 해.

영민   네? 맞으면 맞고 틀리면 틀린 거지 맞기도 하고 틀리기도 한 건 뭐예요?

선생님   아이고, 내가 무의식중에 헷갈리게 말했구나. 그럼 선생님이 왜 그렇게 대답했는지 설명해 볼게. 사람들이 보통 "무의식중에 이야기를 해 버렸네"라고 말할 때의 무의식은 보통 '우리가 의식하지 못하는 사이에' 정도의 의미일 거야. 근데 이 경우에 '무의식은 의식이 없는 상태'라는 영민이의 대답은 틀렸다고 할 수 있어. 왜냐하면 불멍이나 물멍할 때처럼 멍 때리고 있을 때나 잠을 자거나 기절해 있을 때도 내가 무의식 상태에 있다고 이야기해야 되니까. 근데 그런 상태들은 무의식이라고 할 수 없고 그냥 의식만 없는 상태라고 할 수 있지. 선생님이 말하고 싶은 무의식은 그냥 의식이 없는 상태가 아니라 정말 무의식이란 게 따로 있다는 거야.

영민   선생님 말씀은 그냥 의식이 없는 상태가 무의식이 아니라, 의식과는 다른 무의식이라는 게 따로 있다는 거죠?

선생님   맞았어. 근데 문제는 우리가 이 무의식을 정확하게 잘 모른다는 거야. 그래서 영민이 대답이 맞을 수도 있다고 한 거고.

영민   선생님, 좀 헷갈려요.

선생님   그래, 좀 그렇지? 예를 들어 볼게. 아프리카에 있는 '짐바브웨'라는 나라에 한 번도 가 본 적이 없는 영민이는 짐바브웨에 대해서 아는 게 없겠지. 영민이는 짐바브웨를 모르니까 짐바브웨가 없다고 생각할 거야. 근데 그렇다고 해서 짐바브웨가 존재하지 않는다고 할 수는 없겠지? 마찬가지로 무의식에 대해 우리가 모른다고 해서, 즉 무의식에 대한 의식이 없다고 해서 무의식이 존재하지 않는다고 할 수는 없다는 거야. 선생님이 너무 헷갈리게 말했나?

영민 아니요, 잘 이해했어요.

선생님 혹시 영민이는 '프로이트'라는 이름 들어 본 적 있니?

영민 네, 이름은 들어 봤어요.

선생님 오, 그럼 어떤 사람인지 아는 대로 한 번 이야기해 보자.

영민 어…. 어떤 사람인지는 모르고 그냥 이름만 아는데요.

선생님 아, 그렇구나. 프로이트는 우리가 본격적으로 이야기할 무의식을 학문적으로 처음 말한 사람이야. 100년쯤 전에 오스트리아에 살았던 의사니까 그렇게 옛날 사람은 아니지? 그러니까 지금처럼 우리가 흔하게 '무의식'이라는 말을 쓴지 얼마 안 된 거지. 영민아, 혹시 프로이트가 말했던 무의식에 대한 아주 유명한 비유를 들어 본 적 있어?

영민 당연히 없죠, 저는 프로이트 이름만 아는 걸요. 무슨 비유인데요?

선생님 궁금하지? 바로 '빙산' 비유야.

영민 빙산이요?

선생님 그래. 영민이도 빙산 알지? 빙산 본 적 있어?

영민 직접 본 적은 없지만 텔레비전에서 많이 봤어요.

선생님 그래, 텔레비전에서 보면 북극곰이 타고 다니기도 하고 그러잖아.

영민 선생님, 그건 빙산이 아니고 빙하 아니에요?

선생님 아, 그런가? 뭐…암튼 넘어가자. 혹시 '빙산의 일각'이라는 말도 알아?

영민 아니요, 그게 무슨 뜻이에요?

선생님 텔레비전에서 구름이 큰 산을 가려서 산꼭대기만 보이는 모습은 본 적 있지? 마찬가지로 아주 큰 빙산을 보면 대부분이 물에 잠겨 있고 우리가 볼 수 있는 부분은 물 위로 드러난 빙산의 끝부분이잖아. 그걸 '빙산의 일각'이라고 불러. 보통 아주 큰 사건이나 물체의 작은 부분이라는 의미로 써.

영민 선생님, 프로이트의 빙산 비유를 말씀하시다가 갑자기 왜 빙산의 일각을 말씀하신 거예요?

선생님 아, 내가 너무 빙산에 정신이 팔려 있었구나, 무의식 얘기를 해야 하는데. 선생님이 그림을 하나 그려 볼게.

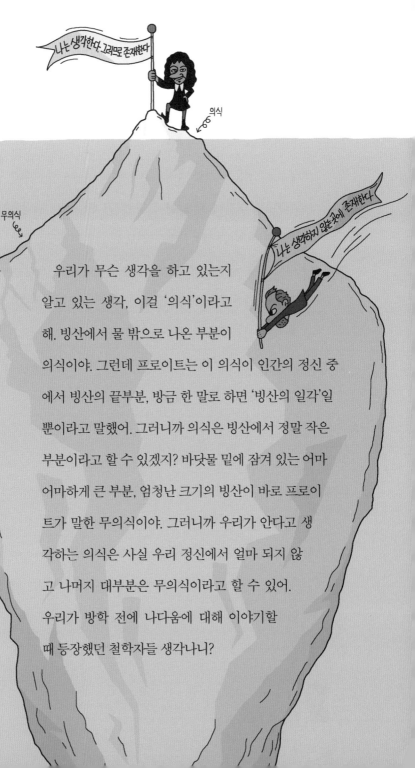

나는 생각한다. 그러므로 존재한다

의식

무의식

나는 생각하지 않는 곳에 존재한다

우리가 무슨 생각을 하고 있는지 알고 있는 생각, 이걸 '의식'이라고 해. 빙산에서 물 밖으로 나온 부분이 의식이야. 그런데 프로이트는 이 의식이 인간의 정신 중에서 빙산의 끝부분, 방금 한 말로 하면 '빙산의 일각'일 뿐이라고 말했어. 그러니까 의식은 빙산에서 정말 작은 부분이라고 할 수 있겠지? 바닷물 밑에 잠겨 있는 어마어마하게 큰 부분, 엄청난 크기의 빙산이 바로 프로이트가 말한 무의식이야. 그러니까 우리가 안다고 생각하는 의식은 사실 우리 정신에서 얼마 되지 않고 나머지 대부분은 무의식이라고 할 수 있어. 우리가 방학 전에 나다움에 대해 이야기할 때 등장했던 철학자들 생각나니?

영민 그럼요. 데카르트와 레비나스였죠.

선생님 그래, 잘 기억하고 있구나. 그럼 데카르트가 한 유명한 말도 기억하지?

영민 선생님, 절 뭘로 보시는 거예요. 지난번에도 물으셔서 제가 대답하니까 칭찬해 주셨잖아요. 자다가 물어봐도 대답할 수 있겠다고. "나는 생각한다, 그러므로 존재한다"잖아요.

선생님 맞았어, 그때 데카르트가 말한 "나는 생각한다"의 '생각'이 바로 우리 의식이야. 데카르트에게 "내가 누구인가요?"라고 물으면 '생각하는 존재'라고 말하겠지. 물론 그때 '생각'은 의식일 테고. 근데 이런 데카르트의 말을 프로이트가 들었다면 아마 "나는 생각하지 않는 곳에 존재한다"라고 말할 거야.

영민 예? 그게 무슨 말씀이세요?

선생님 좀 어려웠나? 방금 생각한다는 것은 의식을 의미한다고 했잖아? 그런데 프로이트에게 의식은 정말 작은 부분에 불과하고 우리 정신의 대부분을 차지하는 것은 무의식이니까 '나'는 사실 무의식, 즉 생각하지 않는 곳에 있다고 할 수 있겠지.

영민 아, 이제 이해가 됐어요. 데카르트가 의식을 강조했다면,

프로이트는 무의식을 강조했다는 말씀이시죠?

선생님 역시 영민이가 잘 이해하고 있구나. 그런데 더 중요한 것은 프로이트는 우리 정신의 대부분은 무의식이고, 물 위에 드러난 무의식의 아주 작은 부분이 의식이라고 말했어. 우리가 빙산 이야기를 한 것도 그런 의미고. 그래서 데카르트의 "나는 생각한다, 그러므로 존재한다"라는 정리에 대해, 프로이트라면 "나는 무의식에 존재한다"로 바꿔 말할 수 있다는 거지.

영민 그렇게 말씀하시니까 잘 이해가 되는 것 같아요. 그런데 선생님, 우리 정신은 대부분 무의식으로 되어 있는 거잖아요? 우리는 무의식에 대해서 모른다고 했는데, 그럼 정신의 대부분이 무의식이라는 건 어떻게 알아요?

선생님 그래, 영민이 말대로 조금 이상하지? 프로이트가 말하려고 한 것은 우리가 무의식이 있다는 건 알지만 정확하게 무의식이 어떤 건지는 잘 모른다는 거야.

영민 그럼 무의식이 있다는 건 어떻게 알게 되었어요?

선생님 그래, 그거 좋은 질문이다. 영민이 너 꿈 꾼 적 있지?

영민 설마, 선생님, 데카르트 설명할 때처럼 지금 이 상황이 꿈인지 아닌지 어떻게 아느냐고 물어보시려는 건 아니죠?

선생님 그러고 보니 《나다움 쫌 아는 10대》에서도 예로 들었네. 그 이야기하려는 건 아니고, 우리가 무의식을 아는 방법 중의 하나가 꿈이기 때문이야. 프로이트가 1900년에 《꿈의 해석》이라는 책을 썼는데, 거기서 꿈을 통해서 무의식을 알 수 있다고 이야기했어.

영민 가끔 아빠가 아침에 일어나서 엄마한테 "오늘 개꿈 꿨어"라고 하시는데, 그런 꿈으로 무의식을 알 수 있는 거예요?

선생님 어른들이 "돼지 꿈 꿨으니까 로또 사야겠네"라고 말하는 거 들어 본 적 있지?

영민 네, 많이 들었어요.

선생님 그런데 돼지 꿈을 꿨을 때 로또를 사면 정말 당첨될까?

영민 아니요, 그럴 리가 없잖아요. 그러면 우리 집은 벌써 엄청 부자가 됐을 거예요.

선생님 그래, 그런데 프로이트가 말하는 꿈은 우리가 흔히 생각하는 꿈과는 좀 달라. 아까 말했듯이 우리는 돼지가 나오면 부자가 되는 꿈이고, 똥이 나오면 돈을 의미한다고 해몽을 하잖아.

영민 아! 그러고 보니 저 할아버지 댁에 갔을 때 꿈 해몽 책을 본 것 같아요.

선생님 아니면 꿈이 미래에 일어날 일을 미리 보여 준다고 생각하기도 하잖아. 그래서 가끔 할머니들이 꿈자리가 사나우니까 오늘 물가에 가지 마라, 하는 이야기도 하셨어. 근데 프로이트의 꿈은 그런 꿈이 아니야.

영민 그런 꿈 말고 다른 꿈도 있어요?

선생님 우선 프로이트는 꿈이 우리에게 미래를 알려 주는 건 아니라고 생각해. 프로이트는 오히려 과거에 우리가 겪었던 일들이나 감정들이 기억에 저장되기도 하지만, 우리 무의식에 저장된다고 생각했어. 무의식에 저장되어 있던 기억이나 감정들이 꿈을 통해서 조금씩 드러나는 거지. 사람마다 겪은 경험이나 느낀 감정이 다르니까 무의식을 보여 주는 꿈은 사람마다 의미가 다르다고 할 수 있겠지? 내가 꿈에서 돼지를 본 것에 대한 의미와 영민이가 꿈에서 돼지를 본 것에 대한 의미가 다를 거야. 왜냐하면 우리 두 사람의 무의식에 저장되어 있는 경험과 감정이 다를 테니까.

영민 아, 이제 이해했어요. 그러니까 각자의 꿈은 각자의 무의식으로 데려간다는 의미라는 말씀이잖아요. 그러면 꿈이 무의식의 세계를 여는 열쇠 같은 거네요.

선생님 와, '무의식의 세계를 여는 열쇠'라, 그거 멋진 표현이다. 영민아, 지난번에 나다움을 이야기할 때 이상한 나라의 앨리스에 대해 말한 거 기억나지?

영민 그럼요. 앨리스가 자기 모습이 작아졌다가 커졌다가 하니까 겉모습이 계속 변하는 '나'는 누구인지 고민하는 장면을 같이 이야기했잖아요.

선생님 그래, 영민이가 잘 기억하고 있네. 꿈은 앨리스가 들어간 토끼 굴과 비슷해.

영민 앨리스가 이상한 나라에 갈 때 이용했던 그 토끼 굴 말이에요? 근데 왜 꿈이 토끼 굴과 같아요? 무의식도 이상한 나라 같아서요?

선생님 듣고 보니 그 말도 일리가 있네. 물론 무의식은 우리가 알 수 없는 이상한 나라이긴 하지만, 꿈이 토끼 굴 같다고 한 이유는 앨리스가 토끼 굴을 통해서 이상한 나라로 가는 것처럼, 우리도 꿈을 통해서 무의식으로 갈 수 있어서야. 토끼 굴은 앨리스를 정확하게 이상한 나라로 데려가지만, 꿈은 무의식의 세계로 우리를 데려가긴 하는데 정확한 곳으로 데려가지 않는다는 점에서 달라.

영민 선생님, 잘 이해가 안 돼요. 좀 쉽게 말씀해 주시면 안 돼요?

선생님 그러니까 우리는 꿈을 통해서 무의식을 알 수 있긴 한데, 그렇게 알게 된 무의식은 진짜 무의식이 아니라는 말이야.

영민 예? 그럼 가짜 무의식도 있어요?

선생님 가짜 무의식이 있다기보다 뭐랄까, 사실 무의식은 변장의 명수거든. 그래서 프로이트는 우리가 꿈을 통해 보는 무의식은 항상 진짜가 아니라고 했어. 꿈에서 만나는 무의식은 완전히 변장한 모습이니까. 이 무의식의 변장술을 프로이트는 꿈의 '압축'과 '전치'라고 말해.

영민 압축과 전치요? 그게 무슨 말이에요?

선생님 내가 쉽게 설명한다면서 더 어렵게 설명하고 있는 것 같네. 일단 이야기가 나왔으니 설명을 좀 할까? 영민이 너는 컴퓨터를 잘 다루니까 압축 파일에 대해 알지? 보통 zip 파일이라고 하는 거 말이야.

영민 물론이죠. 여러 개의 파일을 압축한 거잖아요.

선생님 그래, 꿈은 그런 압축 파일과 비슷해. 그러니까 꿈이 압축을 한다는 것은 말 그대로 여러 인물이나 사건을 하나로 압축한다는 말이야. 예를 들어, 영민이 네가 배우 이병헌의 장례식에 가서 엄청 우는 꿈을 꿨다고 해 보자. 꿈에서 깨면 영민이 너는 "헐, 이게 무슨 꿈이지?" 하고 생각하겠지. 그런데 그 꿈에 무의식의 압축된 메시지가 있는 거야. 예를 들어, 네가 평소에 이병헌과 얼굴이 닮았다거나 이병헌과 이름이 비슷하다고 생각했던 친구가 있을 수 있잖아? 그런데 그 친구를 너무 미워해서 너도 모르게 그 친구가 죽었으면 좋겠다고 생각했을 수 있지. 이 경우, 꿈에 나온 이병헌은 그 친구와 압축된 거라고 할 수 있어. 두 파일이 하나의 파일로 합쳐진 것처럼.

영민   선생님, 예가 너무 섬뜩해요, 저는 그런 사람 아닌데요.

선생님   아, 좀 그런가? 그냥 예는 예일 뿐이야.

영민   무섭긴 해도 압축은 조금 이해가 되는 것 같아요. 근데, 선생님, 궁금한 게 있어요. 제가 진짜 그 친구가 미웠으면 장례식에서 안 울지 않았을까요?

선생님   그럴 수 있지. 근데 꿈은 항상 무의식을 왜곡한다고 했잖아? 그러니까 무의식에 있는 친구가 죽었으면 하는 마음을 꿈에서도 감추고 싶어서 운 것일 수 있지.

영민   선생님, 무의식이란 건 진짜 무섭네요, 자신을 철저히 감추니까요. 그러면 전치도 비슷한 거예요?

선생님   맞아, 전치는 자리를 바꾼다는 말인데, 순서를 바꾸는 것 같은 거야.

영민   무슨 자리를 바꾸는 거예요?

선생님 중요한 것과 중요하지 않은 것의 자리를 바꾸는 거야. 그러니까 꿈에서 정말 중요한 메시지는 숨기고, 중요하지 않은 메시지를 드러나게 하는 거지. 배우 이병헌의 장례식에서 우는 꿈의 중요한 메시지는 영민이 네가 그 친구를 죽도록 싫어한다는 건데, 그 메시지는 뒤로 숨기는 것과 같아.

영민 아, 이제 전치도 이해했어요.

선생님 방금 꿈 이야기에서처럼, 무의식은 자신의 진짜 모습을 보여 주지 않고 항상 변장을 해. 그러니까 꿈이라는 토끼 굴을 통해서 들어간 무의식이라는 이상한 나라는 변하지 않는 장소가 아니라 끊임없이 변하고 있는 곳이야. 화산으로 비유하자면, 휴화산이 아니라 활화산 같은 거야. 영민이는 휴화산과 활화산 정도는 알고 있지?

영민 그럼요, 휴화산은 화산 활동이 멈춘 화산이고 활화산은 화산 활동을 계속하고 있는 화산이잖아요.

선생님 맞았어. "활화산처럼 내 마음이 타오르고 있어"라고 사람들이 말하기도 하잖아.

영민 네? 저는 처음 들어 보는데요. 왠지 옛날 사람이 쓰는 말 같아요, 아재 느낌이랄까.

선생님 그런가? 선생님이 아재이긴 하지. 아무튼 그만큼 우리 무의식이 활발하게 활동하고 있다는 의미야. 그런데 화산이 활동하고 있다는 걸 어떻게 알 수 있을까?

영민 텔레비전에서 보면 화산에서 연기도 나오고 용암도 흘러 나오잖아요. 그런 징조가 있으면 알 수 있죠.

선생님 맞아, 그 용암을 마그마라고 하잖아.

영민 아, 알겠어요, 선생님! 무의식이 활화산처럼 활동하고 있다면 우리 무의식에도 마그마가 있어야겠네요. 정신의 마그마 같은 거요.

선생님 '정신의 마그마'라니 멋진 표현이네. 오늘 선생님도 영민이에게 많이 배우는구나. 암튼 이 정신의 마그마를 프로이트는 '리비도'라고 불렀어.

영민 리비도요? 뭔가 제가 입는 수영복 이름 같은데요.

선생님 하하. 듣고 보니 발음이 비슷한 것도 같네. 리비도는 라틴어로 '욕망'이라는 뜻이야. 그러니까 이 리비도가 정신의 마그마, 우리 무의식을 이루고 있는 에너지야. 그런데 리비도가 욕망이라는 뜻이니까 우리 정신은 어떻게 보면 욕망 덩어리라고 할 수 있겠지? 그래서 욕망을 통제하는 게 매우 중요해.

영민 잠깐만요, 선생님. 욕망을 왜 꼭 통제해야만 하는 거예요?

선생님 아까 영민이가 욕망을 정신의 마그마라고 했지? 화산이 폭발하는 장면을 생각해 봐. 용암이 흘러내리면서 주위의 모든 걸 다 태워 버리잖아. 마찬가지로 우리 욕망도 그냥 두면 우리 자신을 다 태워 버릴지도 몰라.

영민 용암은 뜨거워서 태워 버리는데, 그럼 리비도도 뜨거운 거예요?

선생님 실제로 뜨겁지는 않지만 마그마만큼 위험해서 우리를 삼켜 버릴 수도 있다는 의미야. 왜냐하면 욕망도 마그마처럼 우리가 통제할 수 있는 게 아니거든. 생각해 봐, 우리가 통제할 수 있다고 생각하는 의식은 사실 빙산의 일각이고 이조차도 물속에 있는 거대한 무의식의 일부일 뿐이니까, 의식은 우리가 통제할 수 있는 게 아니고 통제할 수 없는 무의식이 그냥 드러난 것뿐이야. 무의식은 무엇보다 우리가 기억하고 싶지 않은 경험과 감정들이 들어 있는 곳인데, 화산이 폭발할 때처럼 갑자기 이것들이 튀어 나오면 우리가 감당이 되겠어? 그래서 방금 이야기한 꿈에서도 무의식이 의식에 그대로 드러나는 게 감당이 안 되니까 무의식의 내용을 왜곡하는 거야. 그렇지만 이것들은 활화산처럼 언제까지나 완전히 갇혀 있을 수는 없으니까 자꾸 의식으

로 나오려고 해서, 꿈이나 말실수 등으로 몰래 나타나는
거고.

영민   이제 무의식이 좀 이해가 되는 것 같아요, 선생님.

선생님   그럼 영민이가 잘 이해했는지 어디 한 번 볼까? 프로이트
의 무의식을 다시 데카르트와 비교해 보자. 데카르트는 우
리가 생각하는 존재고, 무슨 생각을 하는지 분명히 알 수
있다고 말했어. 그런데 프로이트는 우리 정신의 대부분은
무의식인데, 무의식은 우리가 모르는 것과 마찬가지니까
사실 우리도 스스로가 누군지 잘 모른다고 했어. 뭐랄까,
무의식은 소설 〈지킬 앤 하이드〉에 나오는 하이드 같다고
할까? 영민이도 〈지킬 앤 하이드〉 알지?

영민   초등학교 때 읽은 적 있어요. 지킬 박사는 평소에 똑똑하
고 착한 사람인데 무슨 약을 먹으면 하이드로 변해서 이상
한 미친 사람이 되잖아요. 그럼 무의식이 하이드라면 완전
히 미친 사람 같은 건가요?

선생님   그래, 비슷한 점이 있지. 하이드는 자기가 하고 싶은 대로
행동하잖아. 무의식도 그런 면이 있어. 그러니까 우리 의
식이 지킬 박사처럼 현실의 질서에 순응한다면, 반대로 무
의식은 하이드처럼 자기가 하고 싶은 대로 해. 그래서 무

의식이 드러나지 않도록 의식이 막는 거야. 무의식이 있는 그대로 드러나면 마그마처럼 걷잡을 수가 없을 테니까. 그래서 무의식은 자기가 무의식인줄 모르게 꿈이나 말실수처럼 변장을 해서 찾아오는 거야, 하이드처럼.

영민 무의식은 별명이 많네요, 하이드, 마그마, 또 리비도.

선생님 듣고 보니 그렇구나. 우리가 무의식에 대해서 잘 모르기 때문이겠지.

영민 그런데 선생님, 오늘 불안에 대해서 이야기하기로 한 거 아니었어요? 계속 무의식만 이야기하셔서….

선생님 맞아. 불안을 이해하려면 무의식을 이야기할 수밖에 없거든. 오늘 무의식 이야기만 하다가 시간을 다 보낸 것 같네. 영민이가 이제 갈 시간이 된 것 같은데, 그래도 오늘 이대로 가면 아쉬울 테니까 이것만 잠깐 말해 줄게. 지금까지 이야기한 것처럼, 무의식은 우리가 통제할 수 없는 거야. 이걸 통제하려고 하는 게 의식이고, 그래서 우리에게 불안이 생기는 거지.

영민 선생님, 방금 우리가 불안한 이유가 무의식을 통제하기 때문이라고 하셨잖아요?

선생님 그래, 그랬지.

영민 그런데 왜 의식은 무의식을 통제해야 하나요? 무의식을 통제하지 않으면 불안하지도 않을 것 같은데요.

선생님 영민이가 좋은 질문을 했네. 오늘 이 질문 안했으면 다음에 만날 때까지 궁금해서 못 견뎠을 것 같은데? 아까 무의식에 있는 리비도가 마그마 같고, 또 이 마그마가 흘러내리면 주위에 모든 것을 재로 만들어 버린다고 했잖아? 그러니까 만약 의식이 무의식을 통제하지 않은 상태에서 마그마가 나온다면 우리를 삼켜 버릴 거야. 그러니까 어떻게든 막아야겠지. 근데 마그마가 분출되는 걸 막으려고 하면 땅이 자꾸 꿈틀대고 연기가 나오잖아. 또 가스 같은 내부의 힘이 땅을 흔들리게 만들지. 우리 정신도 마찬가지야. 의식이 무의식의 마그마를 막으려고 하면 땅이 흔들리는 것처럼 우리 정신이 불안해지는 거지.

영민 아, 그렇게 이야기를 들으니 더 이해가 잘 되는 것 같아요. 어떻게 보면 우리가 불안한 것이 곧 의식이 무의식을 잘 통제하고 있다는 거네요. 안 그러면 무의식이 그냥 마그마처럼 폭발하는 거잖아요.

선생님 그래, 그것도 멋진 표현이구나. 영민이 말처럼 한편으로는 불안이 우리가 잘 살고 있다는 표식이라고도 할 수 있어. 통제되지 않는 에너지가 어느 정도는 관리되고 있다는 거니까. 또 이렇게도 이야기할 수 있어. 무의식은 인간이면 누구나 가지고 있는 거니까, 불안도 인간이면 누구나 가질 수 있는 거야. 지난번에 선생님이 불안한 걸 불안해하지 말라고 했던 거 기억나니? 누구나 무의식을 가지고 있기 때문에 인간은 불안할 수밖에 없으니까 나만 불안하다고 걱정할 필요가 없겠지.

영민 아, 이제 이해가 됐어요, 선생님! 오늘은 좀 편하게 집에 갈 수 있을 것 같아요. 그럼 이제 불안의 이유를 알았으니까 상담은 끝난 거예요?

선생님 영민이가 그걸 원하면.

영민 아뇨, 솔직히 말하면 프로이트 이야기가 더 듣고 싶어요.

선생님 역시 우리 영민이! 프로이트가 무의식과 의식을 설명하면서 빙하에 비유를 했잖아? 그런데 나중에 무의식에 대한 생각이 약간 바꼈어. 앞으로는 그 이야기를 좀 해 보자. 그럼 불안에 대해서 더 잘 이해할 수 있을 거야.

영민 아, 정말요? 네, 좋아요! 그럼, 그 이야기는 다음에 들을게요. 안녕히 계세요!

3

내 안의
욕망 덩어리를
다스리는 법

영민 선생님, 잘 지내셨어요?

선생님 그래, 영민이도 잘 지냈니? 요즘은 좀 어때?

영민 지난번에 선생님하고 이야기하고 난 후에 저만 불안한 게 아니고, 또 불안한 것이 이상한 게 아니라고 생각하니까 좀 나아졌어요. 아직 발표할 기회는 없어서 발표할 때 어떨지는 모르겠지만, 시험은 덜 부담스러워진 것 같긴 해요.

선생님 그래, 다행이다. 프로이트도 자기 자신에 대해서 이야기를 하다 보면 자신을 더 잘 이해하게 되고, 그러면 불안과 같은 심리적인 증상도 많이 좋아진다고 생각했어. 그래서 프로이트의 정신분석학을 '토킹 큐어(Talking Cure)'라고 부르기도 해.

영민 토킹 큐어요? 그러면 말하는 치료겠네요?

선생님 그렇지. 영민이가 영어 하나는 확실하네. 그리고 선생님이 계속 이야기하고 있는 거지만, 나만 마음이 아픈 것이 아니고 누구나 조금씩 마음의 병이 있다는 걸 아는 것만으로도 치료가 된다고 할 수 있지. 프로이트도 의사였으니까 환자를 치료하는 데 관심이 많았겠지? 그런데 마음의 병에 대한 치료는 완전히 낫는 게 아니라 그냥 나한테 병이 있다는 걸 잘 받아들이는 것으로도 충분하다고 생각했어.

아, 그렇다고 영민이가 지금 아프다고 말하는 게 아니라, 네가 아프다고 생각할 때 사실은 진짜 아픈 게 아닐 수 있다는 말이야.

영민 선생님, 저도 이제 그 정도는 이해할 수 있다고요. 근데 지난번에 무의식에 대한 프로이트의 생각이 바뀌었다고 하셨잖아요. 어떻게 바뀌었는지 궁금해요.

선생님 맞다, 또 중요한 이야기를 빼먹을 뻔했네. 프로이트는 우리 마음이 처음에는 무의식-전의식-의식만 있다고 생각했는데 나중에 생각이 좀 바뀌어.

영민 선생님, 잠깐만요. 무의식하고 의식은 알겠는데, 전의식은 뭐예요?

선생님 그러고 보니 지난번에 내가 무의식과 의식만 설명하고 전의식은 설명을 안 했구나. 전의식은 무의식과 의식 사이에 있는 거야. 무의식이 바닷물 아래에 잠겨 있는 빙하이고 의식이 해수면 위로 나와 있는 빙하라면, 전의식은 해수면 바로 아래에 잠겨 있는 빙하 같은 거지. 그러니까 지금 바로 의식으로 올라오는 건 아니지만, 무의식처럼 그렇게 깊지 않은 부분이어서 의식으로 떠오를 수 있어. 예를 들어, 영민이가 시험 볼 때 답이 금방이라도 생각날 것 같은데

안 떠오른 적 있지?

영민 저는 시험 볼 때마다 그러는 걸요….

선생님 아…. 내가 아픈 곳을 건드렸구나. 암튼 지금은 생각이 안

나지만 그래도 언젠가 떠올릴 수 있는 생각들이 있잖아,

그런 걸 전의식이라고 하는 거야. 그러니까 인간의 마음은

무의식-전의식-의식의 구조를 가지고 있다고 할 수 있어.

영민 전의식은 이해가 됐어요, 선생님. 근데 그 생각이 어떻게

변했어요?

선생님 프로이트는 우리 정신이 이드-자아-초자아로 구분된다고

생각을 바꿨어.

영민 네? 이드요? 그건 영어예요?

선생님 좀 특이한 말이지? 이드는 원래 라틴어인데, 그냥 '그것'이

라는 뜻이야.

영민 그것이요? 근데 왜 그것이라고 안하고 이드라고 해요?

선생님 보통은 따로 번역하지 않고 그냥 이드라고 불러. 그것이라고 부르면 좀 이상하잖아.

영민 근데 자아는 조금 이해할 수 있을 것 같은데, 이드와 초자아는 뭐예요? 초자아는 초능력 같은 건가요?

선생님 우선 이드부터 설명해 볼까? 이드는 지난번에 이야기한 무의식과 비슷한데, 조금 말썽쟁이야. 자기가 하고 싶은 것이 있으면 무조건 해야 하는 놈이지. 뭐랄까, 욕망 덩어리랄까. 프로이트도 이드를 '우리 안에 있는 짐승'이라고 표현한 적이 있어. 짐승은 자기가 하고 싶은 대로 하잖아. 〈내 안의 그놈〉이라는 영화 제목처럼, 이드는 '내 안의 그놈'이라고 할 수 있을 거야.

영민 듣고 보니 지난번에 이야기한 무의식하고 비슷한 것 같아요.

선생님 우선은 그렇게 생각해도 괜찮을 것 같아. 나중에 뭐가 다른지는 따로 설명할게. 지난번에 정신의 마그마를 그냥 두면 우리가 다 타 버릴 수 있다고 했잖아. 마찬가지로 이드도 우리 안에 있는 짐승이니까 그냥 내버려 두고 자기가 하고 싶은 대로 하면, 우리 삶이 엉망진창이 되겠지.

영민 맞아요, 우리 집에도 그런 짐승이 하나 있어요. 학교 갔다 오면 제 양말이 하나씩 없어져요.

선생님 영민이가 댕댕이를 키우나 보구나. 그래도 이드에 비하면 개는 온순한 편이야. 이드는 통제가 안 되는 들짐승 같거든. 그런 짐승이 네 안에 있다고 생각해 봐. 혼내 주고 싶은 친구가 있으면 마음대로 때리고, 수업 시간에 지루하면 밖으로 그냥 나가고, 먹고 싶은 거 있으면 아무 때나 마음대로 먹고, 공부도 안 하고 매일 게임하고 싶을 때 게임하고, 자고 싶을 때 자면서 그렇게 살게 되겠지.

영민 선생님, 솔직히 말하면 제가 항상 꿈꾸는 삶인데요, 내 마음대로 하면서 사는 삶이요.

선생님 우리 영민이 솔직해서 좋네. 물론 사람이라면 누구나 그런 마음이 있지. 하지만 그렇게만 살면 결국 사람들한테 손가락질 받는 폐인이 되지 않을까? 우리는 짐승이 아니라 사람이니까.

영민 그래도 짐승이라고 말씀하시면 좀….

선생님 영민이 네가 그렇게 된다는 것이 아니라 이드가 마음껏 하도록 내버려 두면 한 사람의 삶도, 우리 사회도 엉망이 된다는 거야. 그러니까 이드가 하고 싶은 대로 하는 걸 통제해야 되겠지? 그 역할을 '자아'가 하는 거야. 우리 안에 이드라는 욕망이 있는데, 이 욕망이 그대로 나오면 안 되니까 자아가 그것을 통제하고 있는 거지. 이걸 프로이트는 '억압'이라고 불러.

영민 억압은 뭘 억지로 누른다는 뜻이잖아요?

선생님 맞아. 네가 하고 싶은 걸 누가 억지로 못하게 하면 마음이 어떻겠니?

영민 당연히 화가 나죠. 그리고 더 하고 싶어져요.

선생님 그렇지. 예를 들어 게임을 너무 하고 싶은데 엄마가 못하게 하면 신경질이 나고, 그러니까 마음에 긴장이 생기겠지. 어떤 걸 너무 하고 싶은데 못하게 하면 초조하거나 불안해서 다리도 떨고 그러잖아. 마음의 안정이 깨지는 거, 이걸 넓게는 불안이라고 할 수 있어. 영민이가 하고 싶은 게 있는데 엄마가 억지로 못하게 누르면, 즉 억압을 하면 화가 나고 불편한 것처럼 자아가 이드를 억압하고 있으니까 당연히 우리 정신에도 불안이 생길 수밖에 없겠지. 게다가 프로이트가 이야기한 것처럼, 모든 사람들의 정신이 이드-자아-초자아로 되어 있다면, 이런 정신의 구조 때문에 모든 사람이 불안할 수밖에 없겠지? 그래서 프로이트가 한 유명한 말 중에 "우리 모두는 신경증자다"라는 말도 있어.

영민 선생님, 잠시만요. 신경증이 뭐예요?

선생님 신경증은 이드와 같은 심리적 에너지를 잘 통제하지 못해서 생기는 마음의 병이나 육체의 병을 말하는 거야. 우리 모두가 조금씩은 신경증자라면, 영민이만 불안한 것이 아니라 선생님도, 영민이 부모님도, 그리고 영민이 친구들도 다 마찬가지겠지?

영민 선생님, 듣고 보니 지난번에 말씀해 주셨던 이야기와 비슷한 것 같아요. 그러니까 프로이트가 우리 정신이 무의식-전의식-의식의 구조로 되어 있다고 생각하다가 이드-자아-초자아의 구조로 되어 있다고 생각은 바꿨지만 불안에 대한 생각은 그대로인 거네요.

선생님 우리 영민이 대단하네. 정확하게 이해했어. 근데 선생님이 하나 더 이야기하고 싶은 건 이러한 마음의 불안이 신체적 증상으로 나타나기도 한다는 거야. 실제로 불안하면 배가 아프기도 하잖아.

영민 와, 대박. 선생님, 진짜 신기해요. 저도 불안하면 배가 아프거나 팔이 좀 아플 때도 있어요. 근데 어떻게 아신 거예요?

소름.

선생님   사실 네가 개학하고 나를 처음 찾아왔을 때 배 아프다는 이야기를 했었어.

영민   아, 저는 선생님이 제 마음까지 꿰뚫어 보는 초능력이 있으신 줄 알고 깜짝 놀랐는데 아니었네요.

선생님   실망했어?

영민   아니요, 다행이에요. 무서울 뻔 했는데. 근데 마음이 불안한데 왜 몸에 증상이 나타나는 거예요?

선생님   예를 들어 이드가 가지고 있는 욕망의 에너지가 100이라고 하면, 보통은 자아가 억압을 통해서 이 에너지가 다 사용되는 걸 막지만 어떤 경우는 80 정도만 억압하는 걸 성공할 수도 있겠지. 이때 이드는 나머지 20을 어떻게든 사용하려고 할 거야. 그래서 정신 에너지의 20만큼을 몸의 증상으로 바꿔서 사용해. 이걸 보통 '전환 히스테리'라고 하는데, 이건 너무 어려운 이야기니까 그냥 넘어가자.

영민   그럼 제가 불안할 때 배가 아픈 이유는 그 전환 히스테리 때문인가요?

선생님   아니, 꼭 그렇지는 않아. 선생님이 말한 건 마음의 병이 신체의 병으로 나타날 수도 있다는 뜻이었어. 선생님이 생각

하기에 영민이가 불안할 때 배가 아프거나 팔이 아픈 정도는 전환 히스테리라고 할 만큼 그렇게 심각한 신체적 증상은 아냐. 나중에 심해지면 그렇게 될 수도 있겠지만 선생님이 영민이를 봤을 때 그렇게까지는 안 될 것 같은데? 계속 하는 이야기지만, 불안하다고 해서 꼭 마음에 문제가 있다고 생각할 필요는 없어. 아까 말했듯이 불안은 좋게 생각하면 자아가 이드를 잘 억압하고 있다는 증거니까. 물론 일상생활이 힘들만큼 불안해지면 문제가 생긴 거니, 그때는 전문가를 찾아가야지.

영민 선생님, 그럼 거꾸로 몸의 증상을 통해서 마음의 상태도 알아낼 수 있겠네요?

선생님 영민이 대단하네, 그렇게 깊은 의미까지 잡아내다니. 맞아, 우리 몸의 모든 병이 마음의 병에서 왔다고 할 수는 없지만, 마음이 아파서 몸이 아픈 경우도 있을 수 있겠지. 그래서 우리 몸은 때로는 '말하는 몸'이 되기도 해. 몸의 증상이 우리 마음의 상태를 말하기도 하니까. 왜 '화병'이라는 말도 있잖아. 근데 영민이는 혹시 '트라우마'라는 말 들어 봤어?

영민 그럼요, 보통 충격적인 경험을 했을 때의 기억이나 감정을 '트라우마'라고 하지 않아요?

선생님 역시 우리 영민이 똑똑하네, 트라우마도 알고. 특히 어릴 때 경험한 충격적인 기억은 우리가 감당하기 힘드니까 보통 무의식에 억압되어 있어. 근데 이 경험을 했을 때의 장면은 보통 무의식에 억압되어 있는데, 그 장면과 연결된 감정은 억압되지 않고 남아 있는 경우가 있어. 이런 경우, 그 감정이 신체적 증상으로 나타나기도 해. 예를 들어, 거미나 개에 대한 공포증이 있는 사람이 있잖아? 모두가 그렇다고 할 수는 없지만 이런 경우, 어릴 때 뭔지는 모르지만 극심한 공포를 경험했는데 그 경험의 장면이나 기억은 무의식 속으로 사라지고, 공포의 감정은 계속 남아 있으니까 이 감정이 거미나 개에 대한 두려움으로 나타날 수 있는 거야.

영민 오, 선생님, 신기해요. 저도 자세히는 모르지만 그런 경우가 정말 많을 것 같아요. 그렇게 설명해 주시니까 이제 불안한 것도 이해가 되고 제가 왜 배가 아팠는지도 이해가 됐어요. 왠지 다음부터는 안 아플 것 같은 기분이 들어요.

선생님 그래, 이제 좀 덜 걱정하겠지? 철학자들이나 심리학자들의 이야기가 살아가는 데 도움이 될 수 있어. 결국 철학자도 우리가 고민한 것들을 똑같이 고민한 사람이니까.

영민 맞아요. 나다움을 이야기할 때 데카르트와 레비나스의 이야기도 많이 도움이 됐는데, 프로이트도 제가 왜 불안한지 이해하는 데 정말 도움이 되는 것 같아요. 근데 선생님, 이드와 자아는 이제 이해가 됐는데 초자아는 아직 설명을 안 해 주셨어요.

선생님 아, 그렇네. 그럼 지금부터 초자아를 설명해 볼까? 아까 초자아가 초능력 같은 거냐고 했지?

영민 네, 그랬어요.

선생님 그 말을 듣고 보니 일리가 있는 거 같아.

영민 선생님은 제가 이야기하면 다 일리가 있다고 하시네요. 그래서 일리가 있다는 선생님 말씀이 일리가 없는 것처럼 느껴져요.

선생님 선생님은 진짜 일리가 있어서 그렇게 말한 건데. 암튼 초자아는 자아라는 말이 들어가니까 자아와 관련이 있겠지? 자아가 이드를 억압하는 역할을 한다고 했잖아. 그런데 초자아는 그것보다 더 엄격하게 우리를 억압하는 역할을 해. 예를 들어, 시험 기간에 게임을 하고 싶으면 보통 좀 참잖아? 지금은 시험공부를 열심히 하고 시험 끝나면 게임을 마음껏 하겠다든지, 아니면 시험 기간에는 게임하는 시간을 좀 줄이겠다든지. 이렇게 이드를 달래는 역할을 하는 게 자아야. 그런데 초자아는 그것보다 더 엄격하게 "네가 게임을 하면 어떻게 좋은 성적을 낼 수 있겠니!"라면서 막 야단치는 역할이야.

영민 어, 우리 엄마가 그러시는데요. 그럼 엄마가 초자아인 건가요?

선생님 너 그러면 선생님이 엄마한테 이른다.

영민 헐, 제발요. 저 엄청 혼날지도 몰라요.

선생님 그래, 너 하는 거 봐서. 방금 말했듯이 이드가 하고 싶은 대로 하는 것이라면 자아는 이드를 좀 타이르는 존재이고, 초자아는 그것보다 더 엄격하게 대하는 존재지. 보통 자아와 초자아는 서로 협력하면서 이드를 관리해. 그런데 초자아가 자아보다 훨씬 더 엄격한 존재니까 그 앞에 서면 우리는 아무래도 위축될 수밖에 없겠지? 무서운 선생님 앞에 가면 잘못한 게 없어도 뭔가 잘못한 거 같고, 그래서 왠지 혼날 것 같은 느낌이 들 때가 있잖아.

영민 음….

선생님 그래, 네가 무슨 말 하려는지 아니까 굳이 말 안 해도 돼. 아까 엄마가 무섭다고 했으니까 엄마 앞에 가면 항상 뭔가 잘못한 거 같은 느낌도 들지. 사실 발표할 때 떨리거나 불안한 것도 친구들 때문이 아니라 초자아 때문일 수 있어. 예를 들어, 초자아는 "너는 발표를 잘 해야 돼!"라고 우리에게 명령하기 때문에 항상 발표를 잘 해야 한다는 생각이 들게 하고, 못하면 "너는 그것밖에 못해?"라고 야단을 치면서 우리를 위축되게 만들기도 해. 시험에 대한 불안도 마찬가지야. 영민이가 시험을 못 보면 엄마한테 혼날까봐 불안하다고 했는데, 만약 프로이트라면 시험을 잘 보라고 닦달하는 건 엄마가 아니라 영민이 너 자신의 초자아일 수 있다고 이야기할 지도 몰라.

영민 근데 선생님, 아까 제가 초자아가 초능력과 비슷한 거냐고 여쭤봤을 때 왜 제 말이 일리가 있다고 하셨어요? 선생님 말씀을 들어 봐도 아닌 것 같은데요.

선생님 들켰나? 그래, 사실 둘은 전혀 상관없기는 해. 그래도 영민이의 이해를 돕기 위해서 말해 보면, 초자아는 우리를 지나치게 억압하고 몰아붙이는 힘이라는 의미에서 초능력과 비슷한 면이 있다고도 할 수 있어. 초능력도 힘이 무척 세다는 의미이니까.

영민 네, 일리는 없지만 무슨 말씀인지는 이해가 돼요. 뭐, 그래서 선생님 말씀도 일리가 있는 것 같아요.

선생님 아이고, 내가 또 영민이에게 한 방 먹었네.

영민 그래도 이제 초자아가 뭔지는 알 것 같아요. 그러니까 이 드가 통제할 수 없는 욕망이라면 이 욕망을 통제하는 것이 자아고, 자아보다 더 큰 통제를 하는 것이 초자아라는 거 잖아요.

선생님 영민이가 잘 이해하고 있네. 그런 면에서 초자아를 '자아 이상'이라고 생각하면 될 거야.

영민 자아 이상이요?

선생님 아, 말이 조금 어렵지? 자아 이상은 말 그대로 자신의 현재 모습, 있는 그대로의 모습이라기보다 자신이 되고 싶은 이 상적인 나의 모습을 의미해. 예를 들어, 엄마한테 사랑받 으려면 이 정도는 돼야지, 선생님한테 인정받으려면 이 정 도는 돼야지, 아니면 친구들 사이에서 인싸가 되려면 이 정도는 돼야지, 라고 보통 생각하는 모습이 있잖아. '다른 사람에게 사랑받거나 인정받으려면 스스로 되어야 한다 고 생각하는 나의 모습'이라고 할 수 있어. 아니면 남들에 게 보이고 싶은 이상적인 나의 모습, 그게 자아 이상이야. 초자아는 우리가 그런 모습을 갖추도록 몰아붙이는 역할을 해. 그런데 아무래도 그런 기준들은 너무 높잖아? 높은 기준에 못 미치는 것 같으니 내가 형편없는 사람이라는 생각이 들어 자존감도 낮아질 거야. 또 그렇게 되면 자신감도 떨어지니까 항상 주눅 들 수도 있지.

영민 그러면 더 불안해지기도 하겠죠?

선생님 아무래도. 그런 이상적인 모습에 못 미친다고 생각하면 더 초조하고 불안해지겠지. 그러면 또 초자아가 "거봐, 역시 너는 어쩔 수 없어", "너는 이미 틀려 먹었어"라고 비난하니까 더 자존감이 낮아지고. 이렇게 악순환이 될 수도 있어.

영민 선생님, 그러면 초자아는 나쁜 건가요?

선생님 아니, 꼭 그렇지는 않아. 이드, 자아, 초자아를 좋다, 나쁘다고 할 수 없어. 왜냐하면 우리 정신이 그렇게 되어 있는 거니까. 배가 고프면 밥을 먹고 졸리면 자는 거를 좋다, 나쁘다 할 수가 없잖아. 인간이라면 원래 그런 거니까. 물론 이드나 초자아의 힘이 너무 커지면 우리 정신의 균형이 깨지니까 문제가 될 수는 있겠지.

영민 그럼 초자아는 좋은 것도 나쁜 것도 아니네요.

선생님 근데 초자아의 좋은 점도 있지.

영민 앗, 방금 좋고 나쁘고를 이야기할 수 없다고 하셨잖아요.

선생님   내가 좀 헷갈리게 했지? 초자아 자체가 좋은지 나쁜지 이야
기할 수는 없지만, 초자아가 하는 역할 중에는 당연히 우리
에게 좋은 역할도 있겠지. 영민이가 아까 엄마 예를 들었으
니까 그걸로 좀 더 설명해 볼까? 영민이도 꿈이 있지?

영민   네, 저는 유튜브 크리에이터가 되고 싶어요.

선생님   근데 유튜브 크리에이터가 되려면 그냥 놀고 싶은 대로,
하고 싶은 대로 다 하면 안 되잖아. 꿈을 이루려면 게임하
고 웹툰 보고 싶은 것도 꾹 참고 노력을 해야겠지. 우린 초
자아 덕분에 이드가 하고 싶은 대로 하는 것이 아니라 이
상적인 미래를 위해서 하고 싶은 것도 조금 참을 수 있게
돼. 엄마의 잔소리도 사실 영민이가 더 좋은 길로 갔으면
하는 엄마의 바람에서 나온 거니까.

영민   선생님, 저도 이제 엄마의 잔소리가 제가 미워서가 아니라
사랑하니까 잘 되라는 의미인 것쯤은 아는 나이라고요.

선생님   오, 잔소리 쯤 아는 10대! 암튼 아까 초자아는 자아 이상의
역할을 한다고 했잖아? 초자아는 한편으로 거울과 비슷해.

영민   거울이요?

선생님   응, 거울. 영민이도 거울 보지? 어때, 거울을 볼 때 네가 너
자신의 모습을 본다고 생각하지만, 사실 다른 사람의 눈으

로 네 모습을 본다고 할 수 있어.

영민   네? 제가 거울을 보는데 다른 사람의 눈으로 본다고요?

선생님 한번 잘 생각해 봐. 영민이 네가 거울을 볼 때 다른 사람이
        나를 봐 주었으면 하는 모습으로 만들기 위해서 옷도 매만
        지고 머리도 단정하게 다듬잖아. 그러니까 초자아가 거울
        과 같다는 건, 초자아 덕분에 다른 사람이 보아 주길 원하
        는 모습이 되기 위해 스스로 노력할 수 있다는 의미야.

영민   음…. 초자아는 거울이다. 듣고 보니까 좀 이해가 되는 것
        같아요.

선생님 영민이는 웹툰 작가 중에 롤모델이 있니?

영민   네, 저는 기안84와 이말년을 좋아해요.

선생님 선생님도 이말년과 기안84
        의 웹툰을 좋아해. 나
        랑 영민이가 취향이
        잘 맞네.

영민   정말요? 선생님도 웹
        툰을 보세요?

선생님 그럼, 웹툰 보는 거
        좋아해.

영민   신기해요, 선생님들은 그런 거 안 좋아하는 줄 알았어요. 근데 왜 롤모델 이야기를 하신 거예요?

선생님   초자아의 역할은 이드를 엄격하게 금지하는 것도 있지만, 다른 한편으로 우리가 되고 싶은 사람이 될 수 있도록 동기 부여도 한다고 했잖아. 만약에 롤모델이 있으면 그런 사람이 되기 위해서 지금 하고 싶은 걸 좀 참을 수 있겠지? 그러면 자연스럽게 이드를 통제할 수도 있을 거고.

영민   선생님, 그나저나 자아는 이드와 초자아 중간에서 너무 힘들겠어요.

선생님   오, 영민이 오늘 굉장히 날카로운데. 핵심을 엄청 잘 파악하고 있어. 자아의 역할이 바로 이드와 초자아 사이에서 협상하는 거야. 어떤 경우는 짐승 같은 이드가 너무 많은 욕망을 충족시키려고도 하고 어떤 때는 무서운 초자아가 우리를 힘들게 하니 자아가 중간에서 많이 힘들겠지. 그러니까 우리 삶이 어떻게 안 피곤할 수 있겠니.

영민   맞아요, 선생님, 저는 우리 인생이 진짜 피곤한 것 같아요. 초자아 - 자아 - 이드를 이해하는 것도 이렇게 피곤한데 실제로 활동하는 이 친구들은 얼마나 힘들까요.

선생님   오늘은 그만 이야기하고 싶다는 말을 엄청 돌려서 하네,

영민이가.

영민 너무 티가 났나요?

선생님 그럼. 이제 영민이가 척하면 척 알아들을 때도 됐지. 그래, 오늘 좀 이야기가 어려웠지? 암튼 지금까지 우리가 이야기한 걸 잘 이해하고 아는 것도 중요하지만, 무엇보다 우리 마음이란 게 그렇게 작동하고 있다는 걸 영민이가 잘 이해했으면 좋겠어. 너한테 도움이 되라고 우리가 이야기를 하고 있으니까.

영민 네, 잘 알고 있어요. 그리고 많이 도움이 되는 것 같아요.

선생님 그래, 그럼 오늘은 여기까지 이야기할까? 선생님도 이제 수업 들어가 봐야겠다.

영민 네, 그럼 다음에 또 올게요!

love yourself,
불안을 막는 주문

선생님 이게 누구야? 영민이가 이번에는 오랜만에 왔네.

영민 잘 지내셨어요, 선생님? 지난번에 선생님한테 들은 내용을 제 나름대로 찾아보기도 하고 생각도 해 보느라고 오랜만에 왔어요. 내용을 너무 많이 들으면 정리하기가 조금 힘들더라고요. 근데 선생님, 이제 우리 뭐에 대해서 이야기하는 거예요? 지난번에 여쭤 봤어야 하는데 깜박 잊어버려서 그동안 엄청 궁금했어요.

선생님 영민이가 그리스 신화에 관심이 많으니까 오늘은 그리스 신화에 대해서 좀 이야기해 볼까? 영민이는 나르키소스에 대해서 들어 본 적 있지?

영민 그럼요, 강에 비친 자신의 모습과 사랑에 빠져서 물에 뛰어들어 죽은 사람이잖아요.

선생님 역시 우리 영민이는 그리스 신화 척척 박사야. 그 나르키소스 이야기에서 나온 말이 있는데 바로 '나르시시즘'이야. 당연히 알고 있겠지?

영민 네. 자기를 사랑하는 걸 나르시시즘이라고 하잖아요.

선생님 맞았어. 암튼 왜 이 이야기를 하냐면 프로이트를 이해할 때 이 개념이 중요하기 때문이야. 지난번에 우리가 리비도 이야기를 했잖아, 기억나지?

영민　그럼요, 우리 정신의 마그마요.

선생님　맞아, 잘 기억하고 있네. 지구 안의 마그마가 없어지지 않고 계속 활동하는 것처럼, 우리 정신의 에너지도 없어지는 게 아니니까 어딘가에는 써야겠지? 그렇지 않으면 지난번에 이야기한대로 이 마그마가 우리 의식의 지층을 뚫고 나올 수 있고, 그러면 우리가 불안해질 거 아냐?

영민　맞아요. 마그마가 분출되는 걸 막기 위해서 억압이 생기는 거라고도 말씀하셨잖아요.

선생님　그래. 지난번에 선생님이 리비도가 욕망이라고 한 것도 기억나지? 리비도가 욕망이면 이 욕망이 원하는 대상이 있을 거야. 그게 갖고 싶은 게임일 수도 있고, 친구일 수도 있고, 아니면 내가 좋아하는 사람일 수도 있겠지. 리비도는 보통 이 욕망의 에너지를 외부 대상에 쏟아 부어. 프로이트는 이걸 '투자'라고 해.

영민　투자요? 투자는 돈을 어디에다가 쓰는 거 아니에요?

선생님　맞아, 보통은 그런 의미로 쓰지. 리비도를 돈이라고 생각하면 이해가 더 잘 될 거야. 영민이가 만약 돈이 있다면 어디에다 돈을 쓰겠어? 하고 싶은 일이나 갖고 싶은 것에 돈을 쓰겠지?

영민 네, 저는 게임 아이템을 사거나 웹툰을 볼 거예요.

선생님 그래, 그러니까 영민이가 좋아하는 것은 어떻게 보면 리비도가 투자된 대상이라고 할 수 있어. 리비도는 욕망이니까 영민이가 돈이 있다면 돈을 쓰고 싶은 대상이 바로 영민이가 욕망하는, 아니 영민이의 리비도가 원하는 대상이겠지. 우리는 이 리비도 때문에 평생 어떤 것을 원하면서 사는 거야. 예를 들어, 영민이는 좋은 대학만 가면 소원이 없겠다고 생각하겠지만, 막상 원하는 대학을 가면 다른 것을 원하게 될 거야. 아마도 좋은 직장을 원하게 되겠지. 또 좋은 직장에 가면 좋은 배우자를 만나서 좋은 집에서 사는 걸 욕망하겠지. 그러니까 우리가 가지고 있는 정신의 에너지는 계속 유지되고, 이 에너지를 계속해서 다른 것에 투자해야 하니까 우리의 욕망은 멈추지 않고 계속해서 뭔가를 원하게 된다는 거야. 그런 이유로 정말 원하는 걸 막상 가지게 되면 "어, 이게 아니네"라는 생각이 들면서 끊임없이 다른 무언가를 원하면서 살게 되는 거지.

영민 선생님, 지금 마음 같아서는 솔직히 엄마가 원하는 대학만 가면 저는 더 이상 바랄 게 없을 것 같거든요. 그래서 선생님 말씀처럼 대학에 가더라도 "어, 내가 정말 원하는 건 이게 아니네"라는 생각은 안 할 것 같아요. 그나저나 프로이트는 왜 그렇게 생각하는 거예요?

선생님 왜냐하면 우리 욕망은 정말 그걸 원해서 원한다기보다는, 우리 안에 리비도는 항상 일정하게 존재하니까 언제나 투자할 대상을 찾는 거지. 그러니까 원하는 걸 손에 넣으면 또 다른 투자 대상이 필요한 거야.

영민 제 동생이 어릴 때 엄마한테 뭘 사달라고 해서 엄마가 사주면 금세 싫증내고 딴 거 사달라고 졸랐어요. 그래서 엄

마한테 엄청 혼났거든요. 혹시 그런 거랑 비슷한 거예요?

선생님 그래, 그거 좋은 예다. 우리가 지난번에 한 이야기를 떠올려 보면 어린아이는 자아나 초자아가 많이 발달하지 않아서 이드가 좀 강한 상태니까, 원하는 걸 손에 넣어도 금세 다른 걸 원할 수도 있지. 리비도를 투자할 대상을 끊임없이 찾는 달까.

영민 근데 선생님, 저는 어린아이가 아니니까 제 동생이 어릴 때처럼 그렇게 계속해서 뭘 원하지는 않아요.

선생님 그래, 그건 영민이가 이제 자아도 발달했고 초자아도 자아와 잘 협력하면서 정신의 에너지가 균형을 잘 유지하고 있기 때문이야. 근데 사실 네가 공부를 잘 하고 싶은 이유도 비슷한 거야.

영민 네? 시험을 잘 보는 것도 투자랑 관계가 있어요?

선생님 아까 말했듯이 우리는 정신의 에너지를 쏟을 곳을 찾아야 하는데, 공부도 그 대상 중 하나야. 꼭 공부가 아니어도 어떻게 해서든 리비도를 투자해야 하니까 예술이나 지적인 호기심에 쓸 수도 있지. 우리가 잘 알고 있는 위대한 예술가나 학자, 운동선수들을 보면 자신이 하는 일에 엄청나게 에너지를 쏟잖아? 리비도 에너지가 거기에 투자된 거야.

영민 제 친구 중에도 공부는 아니지만 책을 정말 많이 읽는 친구가 있어요, 조금 무서울 지경이에요.

선생님 그래, 그 친구는 자신의 리비도를 거기에 쏟는 걸 수도 있지. 그리고 이 리비도 에너지가 사람한테 갈 수도 있겠지? 보통은 엄마가 그 사랑의 대상일 거야.

영민 어… 선생님, 저는 엄마가 좋긴 하지만 좀 무서운데요.

선생님 그럴 수 있지. 근데 잘 생각해 봐. 영민이는 왜 공부를 잘하고 싶어?

영민 그야, 다들 공부를 잘해야 좋은 대학 가고, 선생님도 공부 잘하는 학생을 좋아하고, 또 다들 "학생이 공부해야지!"라고 말하니까….

선생님 맞아, 그게 보통 생각하는 이유겠지? 근데 영민이는 의식하지 못하겠지만 너의 마음 깊은 곳에서는 공부 잘하기를 원하는 엄마의 마음을 스스로 알고 있어서일 수도 있어. 그러니까 우리 리비도가 욕망하는 투자의 대상은 정말 우리가 그 대상을 원해서가 아니라, 우리 리비도가 욕망하는 사람이 원하는 대상을 원한다고도 할 수 있어.

영민 너무 복잡해요!

선생님 좀 복잡하지? 다른 예를 하나 들어 보자. 영민아, 반에 좋아하는 여학생 있지?

영민 헐, 선생님 어떻게 아셨어요?

선생님 헐, 그냥 해 본 말인데 진짜 있나 보네.

영민 선생님, 이건 비밀로 해 주세요. 선생님이 너무 자연스럽
게 물어보셔서 저도 모르게 대답해 버렸어요.

선생님 너무 걱정하지 마. 내가 그 여학생이 누군지도 모르는데
어떻게 말하겠니? 암튼 좋아하는 친구가 있다니 설명이
더 쉽겠네. 만약 네가 좋아하는 그 친구가 BTS의 노래를
좋아하면 당연히 너도 관심을 가지고 좋아하게 되겠지?

영민 선생님, 소름이요. 그 친구가 BTS를 진짜 좋아하거든요.
그래서 저도 BTS 노래를 듣기 시작했어요.

선생님 영민이 오늘 계속 뜨끔하겠네. 암튼 이 예가 바로 자기가
좋아하는 사람이 좋아하는 것을 욕망한다는 사실을 보여
주는 거야.

영민 그런데 이 이야기가 나르시시즘과 무슨 상관이에요?

선생님 아, 선생님이 또 딴 길로 샜구나. 근데 우리 정신의 에너지,
리비도가 다른 사람이나 사물 등 바깥에 있는 대상으로 향
하지 않고 자기 자신에게 오면 나르시시즘이 되는 거야.
다른 사람이나 대상을 사랑해야 되는데 그러지 않고 자기

자신을 사랑하는 거지.

영민   어, 그건 나르키소스 이야기랑 같네요.

선생님   그래, 그래서 프로이트도 나르시시즘이라고 이야기하는 거야.

영민   근데 나 자신을 사랑하는 게 뭐가 문제예요? 요즘 다들 자기 자신을 사랑하라고 그러잖아요. BTS도 "love yourself" 라고 말하는 걸요. 그리고 지난번에 선생님도 초자아가 자신을 미워하게 만들면 우리가 죄책감과 불안을 가질 수밖에 없고 그래서 불안이나 강박 같은 문제가 생길 수도 있다고 하셨잖아요. 그럼 나르시시즘은 좋은 거 아니에요? 자신을 사랑하는 거니까.

선생님   오, 영민아, 정말 좋은 질문이다. 근데 다른 대상이나 사람도 사랑하고 나도 사랑하는 건 우리 정신의 에너지를 균형 있게 투자하는 것이니 좋은 일이지만, 나만 사랑하는 건 문제가 될 수 있어. 리비도가 나한테 집중되면 다른 사람이나 대상에 투자해야 할 에너지가 줄어들 테고 그러면 세상에서 일어나는 일이나 주위 사람들에게 시큰둥해질 수도 있거든.

영민   선생님이 무슨 말씀하시는지 이해할 수 있을 것 같아요.

나르키소스도 자기만 사랑하다 결국 물에 빠져 죽었으니까요.

선생님 그래. 그나저나 영민아, 혹시 오이디푸스 콤플렉스는 들어본 적 있니?

영민 '오이디푸스'는 들어 봤는데, '오이디푸스 콤플렉스'는 잘 모르겠어요.

선생님 그럼 오이디푸스가 누구지?

영민 어릴 때 부모님한테 버림받고 목동에게 구출되었는데, 나중에 스핑크스가 낸 수수께끼를 풀어 왕이 된 사람이잖아요. 아버지를 죽이고 자신의 어머니와 결혼한 사람이기도 하고요.

선생님 그래, 정확하게 알고 있네. 그 이야기를 알면 오이디푸스 콤플렉스도 이미 알고 있는 거나 마찬가지야. 오이디푸스가 아버지를 죽이고 자신의 어머니와 결혼한 것처럼, 프로이트는 어린 아이들도 아빠를 죽이고 엄마와 결혼하고 싶어 한다고 생각해.

영민 네? 저는 어릴 때 아빠를 죽이고 싶은 적이 한 번도 없었는데요? 엄마랑 결혼하고 싶은 적도 당연히 없고요.

선생님 그래, 우리 모두가 오이디푸스 콤플렉스를 실제로 겪는 건지는 선생님도 잘 모르겠어. 선생님도 어릴 때 그런 생각을 했던 기억이 없으니까. 근데 프로이트는 오이디푸스 콤플렉스는 사람들이 의식하지도 못하는 사이에 모두가 겪는 일이라고 생각했어.

영민 선생님, 저는 정말 이해가 안 돼요. 제 주위에는 아무도 아빠를 죽이거나 엄마와 결혼한 사람이 없는 걸요?

선생님 물론 이해하기 쉽지 않은 생각이야. 그럼 프로이트의 이야기를 좀 더 들어 보자. 프로이트는 보통의 아이들은 아빠를 죽이고 엄마와 결혼하려는 욕망을 포기하는데, 그 이유 중의 하나가 엄마와 결혼한 아빠 같은 사람이 되고 싶어서라는 거야. 아빠는 자기가 결혼하고 싶은 엄마와 이미 결혼한 사람이니까 멋있게 보이겠지? 우리가 앞에서도 롤모델에 대해서 이야기했잖아. 아빠가 롤모델이 되는 거야. 그래서 아빠와 같은 사람이 되기 위해 아빠와 결혼한 엄마를 포기하게 된다는 게 프로이트 생각이야. 영민이는 아빠처럼 되고 싶은 적 없어?

영민 당연히 그런 적이 있긴 있죠. 그렇지만 프로이트가 말한 이유 때문에 그런 생각을 하는 건 아닌 것 같아요. 저는 아빠가 정말 멋있어 보이거든요.

선생님 그래. 프로이트가 말한 아빠는 정말 현실 속에 존재하는 아빠라기보다는 보통 우리가 생각하는 대단한 사람을 의미해. 그러니까 아빠처럼 되고 싶다는 것은 내가 대단한 사람이 되고 싶다는 감정 같은 거야.

영민 아, 이제 살짝 이해가 되는 것 같아요. 선생님, 그럼 오이디푸스 콤플렉스는 왜 콤플렉스인 거예요?

선생님 선생님이 또 중요한 이야기를 안 했구나. 아버지를 죽이고 엄마와 결혼하려는 욕망은 실패를 하잖아. 욕망이 좌절되었으니까 우리 정신 안에는 우리가 의식하지 못하지만 실패의 아쉬움, 슬픔, 괴로움 등이 남아 있을 거야. 그래서 콤플렉스라고 불러. 그런데 만약 어떤 것을 하려고 했는데 못하면 아쉬운 마음이나 괴로운 마음을 다른 걸로 풀려고 하잖아? 오이디푸스 콤플렉스도 마찬가지야. 우리가 원하는 일이 좌절되면 다른 걸로 보충하려는 마음에 친구들의 인정이나 부모님의 사랑을 원하기도 하고. 어떤 사람들은 돈으로 그걸 채우려고도 해. 또 먹는 걸로 해결하려는 사람도 있겠지.

영민 아, 이제 오이디푸스 콤플렉스가 뭔지 알았어요. 아까 선생님이 말씀하신 것과 비슷해요. 우리가 원하는 것을 가져도 만족하지 못하고 계속 다른 것을 원할 수밖에 없는 게 오이디푸스 콤플렉스 때문일 수도 있겠네요.

선생님 역시 영민이는 하나를 가르쳐 주면 열을 안다니까.

영민 뭐, 이제 이 정도는 기본이죠! 근데 선생님, 오이디푸스 콤플렉스 이야기는 왜 하셨어요? 나르키소스도 그렇고 오이디푸스도 그렇고 프로이트는 그리스 신화에 굉장히 관심이 많았나 보네요.

선생님 그렇게 생각해 본 적이 없는데 듣고 보니 그런 것 같다. 영민이 기특하네, 선생님이 모르던 것도 알아내고. 오이디푸스 콤플렉스가 엄마를 사랑해서 아빠를 죽이려고 하는 마음과 관련이 있다고 했는데, 그걸 포기하는 이유가 방금 이야기한 것처럼 아빠처럼 되고 싶어서일 수 있어. 그리고 그건 아빠가 대단한 사람이라기보다는 내가 대단한 사람이 되고 싶은 것일 수도 있다고 했잖아. 그게 바로 자신에 대한 사랑이라고 할 수 있지 않을까? 그리고 이런 자신에 대한 사랑이 바로 '나르시시즘'이고.

영민 오, 선생님. 그렇게 듣고 보니 나르시시즘과 오이디푸스 콤플렉스가 어떻게 연결되는지 알겠어요. 근데 방금 전에 나르시시즘이 나쁘다고 말하지 않으셨어요? 리비도가 나에게만 투자되면 다른 사람이나 사물에 무관심해진다고 말씀하셨잖아요.

선생님 그래, 그렇지만 나에 대한 관심이 지나치지만 않다면 나에 대한 사랑이 나쁜 것은 아니야. 지난번에 초자아를 설명할 때 말했던 것처럼, 롤모델이 있으면 우리가 그 롤모델처럼 되려고 노력할 테니까 자신이 더 나은 모습이 되도록 도울 수 있겠지. 누구를 사랑하게 되면 그 사람을 원래 모습보다 더 근사하게 바라보니까, 내가 나를 사랑하면 스스로를 진짜 모습보다 더 근사한 모습으로 생각하겠지. 남들이 나를 봐 줬으면 하는 모습으로. 그게 내가 되고 싶은 이상적인 모습일 테고, 그럼 결국 그런 모습이 되려고 노력하지 않을까?

영민 선생님, 정말 그렇네요.

선생님 이제 내가 프로이트에 대해서 해 줄 이야기는 거의 다 한 것 같은데?

영민 아, 벌써요? 그래도 선생님 덕분에 저도 프로이트에 대해서 잘 이해하게 된 것 같아요. 그리고 제가 왜 불안했는지 그 이유도 잘 알게 됐고요. 아직 불안한 마음이 다 없어진 건 아니지만 불안이 나쁜 게 아니라는 걸 이해하게 됐으니까 크게 걱정은 안 해요.

선생님 영민이가 그렇게 이야기하니까 선생님도 한결 마음이 놓

이고 기분이 좋아지는 걸?

영민 선생님, 그럼 우리는 이제 그만 만나는 건가요?

선생님 불안에 대해서 이야기한 김에 계속 이 주제에 대해 이어가

면 어떨까?

영민 저야 좋죠! 그럼 다음에도 프로이트에 대해서 이야기하는

건가요?

선생님 프로이트는 이제 제법 이야기했으니까 다른 철학자는 어때?

영민 정말요? 누구요?

선생님 그건 비밀이야! 궁금하면 다음에 만나서 이야기하자.

안녕~ 난 프로이트야~

처음 인사하게 되었군. 안녕, 나는 지그문트 프로이트(Sigmund Freud)야. 편하게 프로이트라고 불러 줘. 내가 정확히 무얼 연구했냐고? 내 이름을 많이 들어 봤을 텐데 아직 모르다니 섭섭한데. 내가 바로 인간의 마음이 어떻게 작동하는지 연구하는 정신분석학(psychoanalysis)의 창시자란다!

정신분석학이 뭐냐고? 많이들 아는 심리학과 달리, 정신분석학은 우리가 평소에 잘 알지 못하는 무의식을 통해서 우리가 어떤 감정을 느끼는지, 왜 특정한 마음이나 몸의 증상을 겪는지, 어떤 행동을 왜 하게 되는지 설명하는 학문이야. 나의 무의식에 대한 연구 덕분에 사람들이 자기 자신을 더 잘 이해할 수 있게 된 거라구. 내가 활동하기 전에는 불안과 같은 우리 마음의 문제를 악마의 소행이나 도덕적 타락 때문이라고 생각했다고 해. 황당하지 않아?

나는 우리 마음의 문제에 대한 답을 외부에서 찾지 않고 내부의 마음, 특히 무의식에서 답을 찾았어. 우리가 겪는 마음의 문제는 마음이 제대로 작동하지 않기 때문이라는 사실을 밝혀냈거든!

참, 내 신상 정보를 아직 말 안 했네. 나는 1856년에 태어났어. 주로 오스트리아 비엔나를 중심으로 활동을 했지. 비엔나 대학에 진학한 후 과학에 관심을 가

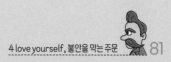

져 의사가 되기로 결심했어. 난 지적인 호기심이 아주 왕성했단다. 궁금한 건 못
참지! 처음엔 인간과 개구리의 신경 세포를 연구하기도 하는 등 신경 생리학에
관심을 가졌어.

그런데 히스테리 환자를 연구하면서 인간의 마음을 치료하는 정신 의학에 점
점 관심이 생기더라고. 아, 히스테리가 뭐냐고? 히스테리는 마음의 문제가 몸의
증상으로 나타나는 병이란다. 난 히스테리 연구를 통해서 마음의 문제가 어떻게
몸의 증상으로 나타나는지 알게 되었어. 이런 연구를 토대로 1895년에는 《히스
테리 연구》를, 1899년에는 꿈으로 드러나는 정신을 분석하는 《꿈의 해석》을 출
간했지. 그 이후로 《농담과 무의식의 관계》, 〈토템과 터부〉, 〈자아와 이드〉, 〈슬픔
과 우울증〉, 〈문명 속의 불만〉 등 많은 글을 쓰면서 리비도, 오이디푸스 콤플렉스,
나르시시즘, 이드, 자아, 초자아와 같은 우리의 마음과 행동을 이해할 수 있는 새
로운 개념을 많이 만들어 냈어. 어때, 엄청나지? 이게 다가 아니야. 이런 개념들
을 통해서 우리 마음의 문제뿐 아니라 전쟁, 문명, 종교까지 설명해 두었단다.

나를 매우 '꿈'이 컸던 의사라고 불러 줘. 무의식을 연구할 수 있는 과학적 방
법을 제시했던 의사라고 말이야.

나만의 가치를 가진
초인이 되라고?

선생님 이야, 오늘은 귀한 손님들이 같이 왔네. 다들 오랜만이야.

영민 지난번에 개인적인 이야기는 다 끝난 것 같아서 선생님 허락도 없이 다빈이하고 재영이한테 같이 가자고 해서 왔어요. 괜찮죠?

선생님 그럼, 당연히 괜찮지. 안 그래도 이제 새로운 철학자 이야기를 하니까 다 같이 대화하면 좋겠다고 생각했는데 이렇게 딱 맞춰 왔네, 웰컴! 다빈이랑 재영이는 잘 지냈니?

재영 네, 선생님도 방학 잘 보내셨어요?

다빈 선생님, 너무해요. 저도 같이 이야기하고 싶었는데 선생님이 영민이만 부르셨다면서요, 칫.

선생님 아이고, 우리 다빈이가 많이 섭섭했구나. 미안. 사실 영민이가 너희랑 같이 이야기하자고 했는데 주제가 주제인지라 혹시 개인적인 이야기를 할 수도 있어서 영민이만 불렀던 거야.

영민 다빈아, 그래도 내가 중요한 건 다 이야기해 줬는데…. 선생님, 제가 프로이트 이야기는 다빈이와 재영이한테 설명했어요. 선생님하고 나눴던 이야기를 애들한테 설명하면 저도 더 잘 이해가 되는 것 같거든요.

선생님 요즘 유행한다는 하브루타 공부법 같은 거네.

재영 하브루타요? 그게 뭐예요?

선생님 유대인들 공부법인데, 말하면서 공부하는 거야. 영민이처럼 다른 사람한테 소리 내서 설명하다 보면 내가 아는 것과 모르는 것을 더 잘 알 수 있으니까 아무래도 공부할 때 도움이 되지.

다빈 맞아요, 선생님. 저도 학원에서 시험 볼 때 곰 인형한테 설명해 봐요. 그러면 선생님 말씀처럼 내가 아는 것과 모르는 것을 금방 알 수 있거든요.

선생님 맞아, 그런 걸 '메타 인지'라고 부르기도 해.

재영 메타 인지요? 그건 또 뭐예요?

선생님 말이 좀 어렵지? 쉽게 말하면, 내가 뭘 아는지 모르는지를 알고 있는 상태를 말하는 거야.

재영 뭔가 있어 보이는 말 같아요. 나중에 써먹어야겠어요.

선생님 재영이도 방학 지나고 오니 의젓해졌네. 있어 보이는 거 좋아하는 거 보니까. 그런데 메타 인지는 공부할 때만 중요한 게 아니고 우리가 살아갈 때도 매우 중요해. 혹시 인생에서 중요한 것은 속도가 아니고 방향이다, 이런 말 들어 봤지?

다빈 어, 선생님, 그거 우리 엄마 카톡 상태 메시지인데요.

86 불안 품 아는 10대

선생님 그래, 유명한 말이거든. 우리가 아는 것과 모르는 것을 안다는 게 메타 인지니까, 우리 삶이 어디로 가는지 아는 것도 메타 인지라고 할 수 있겠지. 이걸 모르면 뭔가 열심히 사는 것 같긴 한데 제대로 살고 있는지 걱정이 되니까 계속 불안해져. 철학이 하는 역할이 바로 메타 인지를 갖게 돕는 거야. 자기가 가는 방향이 맞는지 계속 고민하고, 또 어디로 가고 있는지 잘 아는 것, 아니 잘 알려고 노력하는 것, 이게 철학이야.

재영 선생님, 철학 이야기를 하니까 생각난 건데, 영민이가 지난번에 저희가 이야기했던 데카르트와 레비나스만 서로 다른 것이 아니라 데카르트와 프로이트도 비교점이 있다고 해서 엄청 흥미로웠어요. 저는 데카르트는 레비나스와 다르다고만 생각했거든요.

선생님 오, 좋아. 그럼 어떤 점이 흥미로웠는지 좀 구체적으로 설명해 주면 좋겠는데?

재영 데카르트가 "나는 생각한다. 그러므로 존재한다"라면 프로이트는 "나는 생각하지 않는 곳에 존재한다"라고 정리된다는 점이 뭔가 멋있는 거 같아요. 저도 선생님하고 이야기하면서 예전보다는 생각을 많이 하게 되었지만 그래도 생각을 많이 하는 편이 아니라서 프로이트 이야기가 좀 더 와닿는 것 같아요.

선생님 아이고, 이 녀석아. "나는 생각하지 않는 곳에 존재한다"의 의미는 재영이 너처럼 아무런 생각을 안 한다는 게 아니라, 우리의 진짜 모습은 의식이 아닌 무의식에 있다는 거잖아.

다빈 재영이가 그럼 그렇죠. 선생님, 그런데 영민이랑 불안에 대해서 이야기하셨잖아요? 그럼 이제부터 우리는 뭐에 대해서 이야기하는 거예요?

선생님 계속 불안에 대해서 이야기할까 해.

다빈 정말요? 프로이트가 이야기한 불안에 대해서 들었는데, 저는 영민이처럼 발표할 때 불안하지는 않은 것 같아요.

선생님 그럴 수 있어. 사실 다빈이도 조금의 불안감은 있겠지만 아마 관리가 잘 되는 수준인 거겠지.

재영 선생님, 저도 그런 불안은 없지만 다른 불안이 있는 것 같긴 해요.

다빈 엥? 재영이 너가 불안하다고? 너 이거 중2병이지, 멋있게 보이려고.

선생님 나도 재영이는 항상 즐겁게 지내는 줄 알았는데?

재영 선생님, 저에 대해서 너무 모르시는 거 아니에요? 지난번에 레비나스 설명하실 때 친구를 자기 기준에 넣지 말라고 하셨잖아요.

선생님 아, 맞다. 내가 그랬지? 재영이가 나보다 철학을 더 진지하게 생각하고 있었구나.

재영 저는 누가 장래희망을 물어보면 아직은 잘 모르겠다고 대답하거든요. 진지하게 내가 뭐가 될 수 있을까 생각하면 좀 불안해요. 친구들끼리 자기가 가고 싶은 대학에 대해서 이야기하는데, 정말 대학을 갈 수 있을까도 걱정되고 또 내 꿈을 이룰 수 있을까, 나는 어른이 되면 어떤 사람이 될까, 직업이라도 가질 수 있을까 그런 불안이요.

다빈 나도 그런데.

영민 그런 불안은 누구나 있지 않아?

선생님 그래, 다들 비슷한 생각을 갖고 있구나. 근데 영민이가 이야기한 것처럼 그 정도 걱정은 누구나 하는 것 같은데? 그럼 선생님이 이걸 한 번 물어볼까? 재영이는 책상과 사람의 차이가 뭐라고 생각해?

재영 갑자기 그게 무슨 말씀이세요? 책상은 책상이고 사람은 사람이죠.

선생님 그래, 질문이 너무 모호했지? 책상과 사람의 차이를 굳이 이야기하자면, 책상은 10년 후에도 똑같은 책상이지만 사람은 10년 후에는 다른 사람이 될 수 있다는 거야.

다빈 선생님, 그건 당연하죠. 근데 책상과 사람의 차이는 왜 물어보셨어요?

선생님 궁금하지? 사람은 앞으로 변할 가능성이 있는데 책상은 그럴 가능성이 없어. 책상은 10년 후에도 책상일 테니까. 그런데 사람이 10년 후에 변할 수 있다는 게 항상 좋은 것만은 아닐 거야. 왜냐하면 좋게 변할 수도 있지만 나쁘게 변할 수도 있잖아. 아까 재영이가 걱정한 것처럼 원하는 대학에 갈 수도 있지만 그렇지 못할 수도 있고, 또 원하는 꿈을 이룰 수도 있지만 그렇지 못할 수도 있지. 그러니까 앞으로 변할 가능성 자체로는 좋은 일이긴 하지만, 한편으로 우리가 어떻게 될지 모르니까 불안하게 만들 수도 있겠지.

다빈 맞아요, 선생님. 이번 생은 망할까 봐 불안해요.

선생님 그런데 다빈이처럼 책상도 불안할까?

영민 예? 책상이 마음이 있는 것도 아닌데 어떻게 불안할 수 있어요?

  불안 좀 아는 10대

선생님 내가 좀 헷갈리게 물어봤네. 책상에게 마음이 있다면 책상은 불안할까?

다빈 음… 책상은 불안하지 않을 것 같아요.

선생님 다빈이는 왜 그렇게 생각해?

다빈 그야 방금 선생님이 인간은 미래에 변할 가능성이 있어서 불안하다고 하셨으니까요. 근데 책상은 어차피 계속 책상일 테니까 불안하지는 않을 것 같아요. 변할 가능성이 없으니까 불안할 이유도 없겠죠.

선생님 이야, 다빈이가 역시 눈치가 빠르구나.

다빈 선생님, 이건 눈치가 아니라 생각하는 거라구요.

선생님 맞았어. 역시 우리 다빈이가 생각이 빨라.

영민 잠깐만요, 선생님. 제 생각에는 책상에게 마음이 있다면 책상도 불안할 수 있을 것 같아요. 책상도 부서지거나 닳을 수도 있고 또 버려질 수도 있잖아요. 그러면 책상도 변할 수 있는 거 아니에요?

선생님 듣고 보니 아직도 내 얘기가 좀 헷갈릴 수 있겠네. 좀 전에 말한 것처럼 우리가 불안한 건 앞으로 어떻게 될지 몰라서였잖아? 그런데 책상은 만들어질 때부터 역할이 정해져 있었어. 그러니까 자기가 앞으로 어떤 존재가 될까, 어떤 역할을 할 수 있을까 하는 불안은 없을 거야. 하지만 인간은 태어날 때부터 정해진 역할 같은 것이 없지. 그래서 나중에 어떤 존재가 될까, 사회에서 어떤 역할을 할 수 있을까 불안해지는 거야.

영민 아, 그렇게 생각하니 이제 이해가 돼요.

선생님 근데 선생님이 꼭 이야기하고 싶은 건 너희들이 지금 느끼는 불안은 책상과 달리, 앞으로 다르게 변할 가능성 때문에 생기는 거니까 불안이 어쩌면 좋은 것일 수도 있다는

거야. 불안은 인간이 가능성의 존재라는 걸 보여 주는 표시 같은 게 아닐까? 그래서 선생님은 너희에게 불안한 걸 불안해하지 말라고 이야기하고 싶어. 불안하다는 건 너희들에게 아직 가능성이 있다는 증거니까.

영민 어, 선생님, 그거 프로이트 이야기할 때도 말씀하신 거잖아요.

선생님 영민이가 잘 기억하고 있네.

영민 그럼요, 그 말이 저한테 굉장히 도움이 됐거든요.

선생님 그런데 왜 불안한 걸 불안해하지 말라고 했는지 그 이유도 기억나니?

영민 네. 인간의 마음은 무의식-전의식-의식 또는 이드-자아-초자아로 이루어져 있고, 무의식에 있는 기억이나 감정, 그리고 인간이 가진 정신적 에너지를 조절하려고 하면 누구나 불안할 수밖에 없다고 하셨잖아요.

선생님 앞으로 내가 어떻게 될까와 같은 미래에 대한 불안도 마찬가지야. 사람이면 누구나 변할 수 있는 가능성이 있으니까 너희만 불안한 게 아니라 인간이면 누구나 조금씩 가지는 불안이지. 그런 불안을 어려운 말로 '실존적 불안'이라고 하는데, 말 그대로 인간으로 존재하는 누구나 가질 수 있는 불안이라는 뜻이야. 이러한 불안은 인간이면 누구나 가지고 있는 거니까 불안한 것을 불안해하지 않아도 돼.

재영 근데 선생님, 인간은 앞으로 변할 가능성이 있으니까 불안하다는 건 충분히 이해되는데요. 한편으로 불공평하다는 생각도 들어요.

선생님 그래? 재영이는 왜 그런 생각을 할까?

재영 사실 영민이는 생각하는 걸 잘하고, 다빈이도 영어를 잘하는데 사실 전 잘하는 게 없거든요. 머리도 별로 안 좋은 것 같고. 그래서 열심히 공부해도 잘 안 되고 다른 소질도 별로 없는 것 같아요. 노래도 못하지는 않지만 잘하지도 않고, 다룰 줄 아는 악기도 없고, 운동도 그저 그렇고. 제 친구 부모님은 부자라서 걔는 좋은 아파트에 살고 학원도 좋은데 다니고 과외 선생님도 있어서 공부를 잘하거든요. 걔는 아마 대학도 좋은 데 갈 거고. 그럼 저보다 훨씬 좋은 직장을 얻게 되겠죠. 근데 우리 집은 가난하지는 않지만 그렇게 부자도 아니거든요. 그래서 저는 불공평하다고 생각하는 거예요. 인간은 다 불안하지만 저는 이렇게 태어났기 때문에 미래에 대해서 더 불안한 것 같아서요.

선생님 아이고, 재영이가 조금 속상했나보다. 재영이 말을 들으니

'아모르 파티'라는 말이 떠오르네. 너네들 혹시 '아모르 파티'라는 말 들어 봤어?

재영   그럼요, 김연자 노래잖아요.

선생님   어, 그래, 재영이도 그 노래 아는구나. 지금 머릿속에서 막 EDM 멜로디가 들리는 것 같지? 그런데 이 말을 처음에 누가 했게?

재영   김연자요.

선생님   김연자 씨면 선생님이 묻지도 않았겠지. 이 말을 한 사람이 바로 니체야.

영민   네? 이게 노래 제목이 아니라 니체가 한 말이라고요?

선생님   그래, 니체가 한 말이야. 아니, 가만있어 보자. 근데 너희들 니체를 아니?

재영   그럼요. 자세하게는 모르지만 이름은 들어 봤어요.

다빈   선생님, 저도 니체는 들어 봤어요.

선생님   아, 그렇구나. 요즘 애들 똑똑하네. 그럼 여기서 퀴즈! '아모르 파티'는 무슨 뜻일까~요?

재영   글쎄요, 무슨 파티에 관한 건가요?

선생님   요즘 애들 똑똑하다고 한 말 취소야. 뭐, 파티에 관한 거긴 한데 우리가 아는 파티는 아니야. 원래 라틴어로 'Amor

Fati'라고 써. '아모르'는 사랑한다는 의미고, '파티'는 운명이라는 뜻이야. 그러니까 '운명을 사랑한다'는 뜻이지. 흔히 '운명애'라고 쓰는 말이야. 자, 그럼 또 질문, '운명을 사랑한다'는 뜻은 무슨 의미일까?

영민 말 그대로 운명을 사랑하라는 뜻 아니에요? 다른 뜻이 있어요?

선생님 사람의 운명이라는 게 좋은 운명만 있는 게 아니잖아. 아까 재영이가 말한 것처럼 내가 더 부잣집에서 태어났으면 얼마나 좋았을까, 그럼 이렇게 고생스럽게 공부를 안 해도 잘 살 수 있었을 텐데. 아님 내가 더 잘생기게 태어났으면 얼마나 좋았을까, 그럼 내가 좋아하는 여학생에게 사랑받을 수 있었을 텐데. 내가 왜 한국에서 태어나서 이렇게 지겹게 학교 다녀야 하는 걸까, 이렇게 자신의 상황을 비관하는 생각이 들 수가 있잖아.

재영 선생님, 근데 저는 그렇게까지 심각하게 이야기한 건 아니었어요.

선생님 그래, 그러면 다행이네. 암튼 재영이 너보다 더 상황이 안 좋은 친구들도 있을 수 있잖아. 건강이 좋지 않아서 공부를 할 수 없다든지, 아니면 장애가 있어서 일상생활을 하

는 것조차 힘들다든지, 아니면 집이 너무 가난해서 매일 알바 하느라 학교에서는 잠만 잘 수밖에 없다든지. 우리가 살아가는 처지나 태어난 조건이 좋을 수도 있고 나쁠 수도 있는데, 운명애는 그게 다 각자에게 주어진 운명이라면 받아들이고 때로는 적극적으로 고쳐 나가라는 의미도 있어. 여기서 운명을 사랑한다는 것은 그런 것들을 다 포함하는 말이야.

재영 그런데 선생님, 니체는 유명한 철학자여서 주어진 운명을 사랑하라고 너무 쉽게 이야기한 거 아니에요?

선생님 꼭 그런 건 아니야. 지금은 아주 유명한 철학자 대접을 받고 있지만 니체가 살아 있을 때만 해도 재영이 너에 비하면 엄청 힘든 삶을 살았어. 니체는 5살에 아버지가 돌아가셨을 뿐만 아니라 30대에는 병 때문에 직업도 잃고 요양을 하기 위해서 끊임없이 돌아다녀야 했어. 게다가 자기가 쓴 책이 잘 안 팔려서 자기 돈으로 책을 내기도 했고. 45세 때에는 사람들이 미쳤다고 하는 상태가 되었고, 죽을 때까지 그렇게 살아야 했어.

재영 헐, 진짜요? 저는 우리가 아는 철학자들은 그 당시에도 유명해서 다 행복하게 산 줄 알았어요.

선생님   아, 그러고 보니 니체의 운명애를 잘 표현하는 말이 하나 있어. 유명한 노래 제목이기도 하고.

다빈   니체는 노래 제목으로 많이 쓰이네요.

선생님   하하, 그러게. 이 가수는 미국 가수인데, 켈리 클락슨이라고 들어 봤어?

다빈   아니요, 처음 들어 봐요.

선생님   그럼 그 가수가 부른 〈스트롱거(stronger)〉라는 노래도 못 들어 봤겠네. 하긴 그 노래가 나왔을 때 너희들은 어린아이였을 테니. 노래 제목은 〈stronger〉인데 'what doesn't kill you'라는 부제가 붙어 있어. 다빈이가 영어 잘하니까 다빈이한테 물어봐야겠다. stronger 뜻은 잘 알 테니 what doesn't kill you는 무슨 뜻일까?

다빈   너를 죽이지 못하는 것?

선생님   맞았어. 이게 바로 니체가 한 말이야. 너를 죽일 수 없는 것들은 오직 너를 강하게 할 뿐이다. 영어로 하면 what doesn't kill you only makes you stronger. 여기서 마지막 단어인 stronger가 노래 제목이 된 거지.

재영   영어 나오니까 어려워요, 선생님. 근데 이 노래 제목이 운명을 사랑하는 것과 어떤 관계가 있어요?

선생님 너를 죽일 수 없는 것들이란 말은 우리가 겪는 정말 죽을 것 같이 힘든 일들을 말하는 거겠지. 근데 그렇게 힘든 일들도 우리를 죽이지만 않는다면, 우리를 더 강하게 할 뿐이라는 거야. 그러니까 운명을 사랑하는 것은 우리가 가지고 있는 운명이 아무리 힘든 운명이라도 받아들이고 극복하려는 걸 말해.

영민 선생님, 그런데 운명을 극복한다고 하니까 너무 어려워 보여요. 저는 그럴 힘이 없거든요.

선생님 흠, 그럼 좀 더 설명해 줄게. 자신의 삶을 극복한 사람, 그러니까 운명애를 실천한 사람을 니체가 뭐라고 불렀는지 혹시 아니?

재영 운명애도 모르는데 저희가 그걸 알 리가 없잖아요.

선생님 그래, 혹시나 해서 한 번 물어봤어. 니체는 자신의 운명을 극복한 사람을 '초인'이라고 불렀어.

영민 초인이요?

선생님 초인은 말 그대로 초월하는 인간이라는 뜻인데, 니체는 독일 사람이니까, 독일어로는 초인을 '위버멘쉬'라고 해. '위버'는 위에 있다는 뜻이고 '멘쉬'는 사람이라는 뜻이야. 원래 뜻대로라면 '위에 있는 인간'이 되겠지만, 의미상 '초월하는 인간' 정도로 이해할 수 있겠지.

다빈 '초월'이라는 말이 어려워요, 선생님.

재영 초인이 초월하는 인간이라면 뭐, 초능력자 같은 건가요?

선생님 초인이 초능력자라…. 선생님은 그렇게 생각해 보진 않았
는데 듣고 보니 신박한 생각이네. 초인이 초능력자일 수도
있겠어. 〈어벤져스〉 같은 영화에 나오는 초능력자를 요즘
은 보통 슈퍼 히어로, 영웅이라고 부르잖아? 물론 니체가
말하는 초인은 슈퍼 히어로처럼 남을 구할 수 있는 초능력
은 없지만 자신의 운명을 극복한 사람이라는 의미에서 자
기 삶의 영웅, 히어로라고 할 수 있지 않을까?

재영 그렇게 말씀하시니까 초인이 뭔가 멋있는 거 같아요. 선생
님, 저도 초인이 되고 싶어요.

다빈 근데 저는 선생님 말씀을 들으니까 초인이 되는 게 왠지
부담스러운데요.

선생님 어, 그래? 다빈이는 왜 그렇게 생각이 들지? 조금 더 설명
해 줄 수 있겠니?

다빈 초인이라고 하면 더 나은 사람이 되기 위해서 끊임없이 애
쓰는 사람의 이미지가 떠올라요. 근데 그렇게 열심히 사는
사람과 저 자신을 비교하면 제가 더 초라해지잖아요. 사실

요즘 그런 것 때문에 고민이거든요. 아까 재영이도 다른 친구들은 재능을 더 많이 가진 것 같고, 집도 더 잘 사는 것 같은데 자기는 그렇지 않은 것 같다고 하면서 비교를 했잖아요. 그리고 그거 때문에 자기의 미래는 어떻게 될까 더 불안하다고 하면서.

재영 그럼 다빈이 너도 나랑 같은 생각이야?

다빈 음…꼭 같은 생각은 아니야. 나는 재영이 너처럼 태어난 환경이나 재능 같은 걸 비교하는 건 아닌데, 다른 일로 친구들과 비교하는 거 같아. 내 친구들이 나보다 더 노력하는 모습을 보면 나는 뭔가 최선을 다하지 않는 것 같고, 친구들보다 뒤떨어지는 것 같은 느낌이 들어서 좀 불안하더라고. 그래서 초인이라고 하면 왠지 부담스러워. 나는 그렇게 살지 못하는 것 같아서.

선생님 다빈이 이야기를 듣고 보니 그럴 수도 있겠구나. 초인이란 게 뭔가 완벽한 사람을 의미하는 것 같으니까 내가 그런 사람에 미치지 못하면 불안이나 죄책감 같은 게 있을 수 있다는 거지?

다빈 네, 맞아요. 자꾸 비교하게 된 달까요? 저 친구는 저렇게 열심히 하는데 나만 뒤떨어지는 게 아닌가 불안해져서, 나 자신에 대해서도 불만족스러워지는 것 같아요. 그래서 자꾸 자책하게 되고.

선생님 그래, 선생님도 다빈이 나이 때 친구들하고 비교를 많이 한 거 같아. 특히 외모적으로 열등감도 많이 느꼈던 것 같고.

다빈 진짜요? 선생님도 외모 때문에 열등감을 느끼셨어요?

선생님 그럼~ 지금은 이렇게 차가운 도시 남자처럼 생겼지만.

재영 네? 선생님이 차도남이라구요?

선생님 아이고, 그냥 좀 넘어가자, 재영아. 정확히 말하면 외모보다는 키 때문에 자존감이 많이 떨어졌있지. 괜히 지나가는 친구들하고 슬쩍 키를 비교해 봤을 때 내가 더 작으면 속상하고 나 자신에게 불만족하게 되더라고. 또 결점이라고 생각하니까 자꾸 숨기게 되고.

다빈 맞아요, 선생님. 다른 사람과 비교하면 내 부족한 점이 자꾸 생각나니까 자신감이 많이 떨어져요. 다른 사람들이 나의 이런 부족한 점을 눈치 채면 나를 싫어하지 않을까 또 불안해지고요.

선생님 그렇지. 자신감이 떨어지면 다른 사람이 내 부족한 모습을 눈치 챌까봐 더 불안해지지. 그러면 또 실수할까봐 전전긍긍하고 실수하면 다른 사람에게 비난받을까봐 또 불안하

고. 그러면 내가 더 형편없는 사람인 것 같지. 그렇게 악순환이 일어나잖아.

다빈 헐, 선생님이 제 마음 속에 CCTV 달아 놓으신 줄. 맞아요, 저는 다른 사람이 나를 어떻게 생각할지가 제일 걱정이 돼요.

선생님 근데 무슨 이야기하다 여기까지 왔지? 아, 초인 이야기를 하고 있었지? 다빈이가 정말 좋은 지적을 했어. 그런데 초인이 된다는 것과 자기에게 주어진 운명을 극복한다는 것이 만화 속에 나오는 영웅처럼 멋진 사람, 완벽한 사람이 되라는 게 아니야. 오히려 운명애를 실천한다는 것은 남들보다 부족하더라도 그걸 인정하고 자기 자신과 자신의 운명을 있는 그대로 사랑하는 거야. 자신의 삶이 이상적인 삶에 조금 못 미치더라도 "내 삶은 왜 이렇지?", "이번 생은 망했네!" 하면서 한탄하거나 그게 자신의 잘못이라고 자책하기보다는 있는 그대로를 받아들이고, 또 할 수 있다면 더 좋은 방향으로 이끌어가려고 노력하는 거지. 그걸 실천하는 사람이 초인이고. 뭐랄까, 자신의 결점을 감추는 것이 아니라 결점을 있는 그대로 인정하고 가능하면 더 개선하려고 애쓰는 거야. 니체가 "너 자신이 돼라"라는 유명한 말을 했거든. 그러니까 초인은 다른 사람과 비교하고 열등 감을 느끼고 불안감을 가지는 것이 아니고, 오히려 그냥 자신을 사랑하면 되는 거야.

재영 어, 선생님, 그거 BTS 노래 제목이에요. 'love yourself'.

선생님 맞아. 지난번에 영민이하고 프로이트 이야기할 때도 말했 었지. 중2병이라고 들어 봤지?

다빈 선생님, 재영이가 중1 때부터 중2병에 걸렸기 때문에 잘 알고 있죠.

선생님 선생님도 눈치 채고 있었어.

재영 선생님, 아니거든요.

선생님 중2병이 보통 센 척하는 거잖아? 이것도 어떻게 보면 불안 해서 그런 것일 수 있어. 내가 약하다는 걸 알면 친구들이 나를 안 좋아하는 건 아닐까 불안해서 센 척하는 거지. 또 주위에 보면, 다른 사람 칭찬하는 걸 못 견뎌하는 사람도 있잖아. 그것도 어떻게 보면 비슷한 경우야. 다른 사람이 칭찬받으면 왠지 자기가 상대적으로 평가절하 받는 느낌 을 받으니까 다른 사람을 칭찬하지 못하는 거야. 또 다른 예로, 내가 공부를 잘하거나 외모를 잘 꾸미면 다른 사람 들이 나를 좋아할 것 같아서 열심히 공부하고 외모를 가꾸는 것도 어떻게 보면 다른 방식으로 센 척하는 것일 수 있어. 근데 자기 자신을 있는 그대로 받아들이면 다른 사람과 비교할 이유도 없거든. 니체는 이런 게 다 운명애가 없어서 그런 거라고 할 거야.

재영 선생님, 듣고 보니 초인이 제가 생각하는 거하고 다른 거 같아요. 그럼 저도 제 삶의 영웅이 되고 싶어요. 근데 자신의 운명을 받아들이고 극복하는 것은 어떻게 하는 거예요? 저도 운명애를 실천하는 초인이 되고 싶은데 방법을 좀 알려주세요.

선생님 재영이는 혹시 가장 위대한 예술가가 누구라고 생각하니?

재영 갑자기요? 글쎄요, 피카소?

선생님 그래, 피카소도 위대한 예술가지.

재영 근데 갑자기 왜 위대한 예술가를 물어보셨어요?

선생님 니체가 좀 특이한 말을 했거든. 가장 위대한 예술가는 자신의 삶을 예술 작품으로 만드는 사람이라고 이야기한 적이 있어.

영민 네? 그게 무슨 말이에요?

선생님 예술가는 보통 예술 작품을 만드는 사람을 말하잖아. 그렇다고 해서 예술가가 만드는 모든 것이 예술 작품이 되지는 않잖아?

다빈   그럼 예술가가 만드는 것 중에 예술 작품이 되는 게 따로
있나요?

선생님   그건 굉장히 어려운 문제이긴 한데, 보통 예술가가 표현하
고 싶은 가치가 작품을 통해서 드러날 때 예술 작품이라고
할 수 있을 거야. 그렇다면 자기 삶을 예술 작품으로 만든
다는 것은 곧 삶에서 내가 드러내고 싶은 가치가 드러날
때 가능한 것이 아닐까? 그리고 그런 삶을 살아갈 때 우리
는 예술가가 될 수 있는 거고. 니체는 그런 사람이야말로
피카소보다 더 위대한 예술가라고 말한 거야.

영민   초인이 슈퍼맨과 같은 히어로인 이유랑 비슷하네요.

선생님   그렇지. 자기의 주어진 운명을 극복한 사람이야말로 히어
로라고 할 수 있듯이, 가장 위대한 예술가 역시 자기 삶을
예술 작품으로 만드는 사람이겠지.

다빈   니체는 정말 멋진 말들을 많이 한 거 같아요. 저는 평소에
예술가를 많이 부러워했는데, 선생님 말씀을 들으니 저도
예술적 재능은 없지만 위대한 예술가가 될 가능성이 있다
는 생각이 들어요.

선생님   물론이지. 이제 너의 삶을 예술 작품으로 만들면 돼. 근데

> 자, 아주 멋진 예술 작품들을 소개합니다! 각자의 가치를 잘 만들어 온 여러분 모두가 세상에 하나 밖에 없는 예술 작품이죠!

그러려면 너의 삶을 통해서 보여 주고 싶은 가치가 있어야 하는데, 혹시 그런 게 있어?

다빈 음…잘 모르겠어요.

선생님 그럼 혹시 영민이랑 재영이는?

재영 저도….

영민 저도….

선생님 그래, 자기 삶의 가치를 발견하는 건 쉽지 않은 문제야. 또 너희들은 아직 좀 어리기도 하고. 어른들도 어떤 가치를 가지고 살아야하는지 모르는 경우가 많거든. 아까 다빈이 어머니께서 카톡 상태 메시지를 인생에서 중요한 것은 속도가 아니라 방향이라고 써 놓으셨다고 했잖아. 다빈이 어머니도 삶의 가치에 대해서 고민하고 계시다는 증거야. 너희들도 막연히 대학에 가야지, 취직해야지, 행복하게 살아야지 그렇게만 생각하기보다는 왜 대학에 가는지, 무슨 일을 하고 싶은지, 나는 어디서 행복을 찾는지를 생각하다 보면 나의 가치가 어디 있는지 알게 되겠지. 니체도 그런 이야기를 하고 싶은 거야.

재영 선생님, 근데 예술가 이야기는 왜 하신 거예요?

선생님 아이고, 그래 내가 너무 멀리 왔구나. 아까 어떻게 하면 우리가 운명애를 실천한 초인이 될 수 있을까에 대해서 이야기하고 있었잖아. 초인이 되려면 자신의 운명을 극복해야 하는데, 그러기 위해서는 어느 지향점이 있어야겠지. 그 지향점이 바로 가치야. 우리 삶이 망망대해를 항해하는 배와 같다면 가치는 멀리서 보이는 등대, 혹은 반짝이는 별과 같다고 할 수 있어. 그게 없으면 우리는 길을 잃어버릴 테니까. 그러니까 초인은 자신만의 가치를 가지고 있는 사람인데, 이것은 외부에서 주어지는 게 아니라 자기가 만들어내야 하는 거야, 예술가처럼.

영민 근데 선생님, 저는 제 삶에서 어떤 가치를 드러내면서 살아야 되는지 아직 잘 모르겠어요. 선생님 말씀을 듣고 보니 저만의 가치가 없다는 게 또 저를 불안하게 만드는 것 같아요.

선생님 지금까지 말한 것처럼 너무 불안해하지 않아도 돼. 이제부터 찾으면 되지. 철학은 답을 빨리 찾게 해 주는 것이 아니라 좋은 질문을 할 수 있도록 도와주는 거니까. 이제 좋은 질문을 던졌으니 너희들도 철학자라고 할 수 있지.

다빈 와, 그럼 이제 저도 철학자네요.

선생님 그럼~ 꼬마 철학자.

다빈 선생님, 저 꼬마 아니거든요.

선생님 아, 미안. 청소년 철학자라고 하자. 사실 우리는 실패한 삶을 살까 봐 불안해하잖아? 그런데 니체는 그럴 필요가 없다고 우리에게 이야기하는 거야. 아까 다빈이가 말한 것처럼, 다른 사람의 삶과 비교하면서 주눅들거나 다른 사람에게 잘 보이려고 하거나 내가 잘 나지 않으면 다른 사람에게 사랑받지 못할 거야, 이런 생각을 할 필요가 없어. 결국 나는 나만의 가치를 가진 예술 작품으로 살면 되니까.

영민 네, 무슨 말씀이신지 이해가 돼요.

선생님 다빈이, 영민이, 재영이도 아직 자신만의 가치는 못 찾았지만 너희들은 지금 좋은 질문을 하고 있는 거니까 너무 걱정하지 않아도 돼. 더 중요한 것은 자신이 가지고 있는 질문에 대한 답을 찾지 못하더라도 너무 조급해 하지 말고 그 질문을 잘 간직하고 또 잘 견디는 거야. 너희들은 아직 시간이 많으니까 대학에 갈 때까지 그 질문에 대한 답을 찾아보고, 답을 못 찾으면 대학 가서도, 아니면 선생님처럼 나이가 들어서도 그 질문의 답을 찾으려고 노력하길 바라. 선생님도 계속 답을 찾고 있는 질문이거든. 나는 어떤 가치를 위해서 살아가야 하는 걸까 하는 질문.

재영 진짜요? 선생님도 저희들과 비슷한 고민을 하고 계신다고요? 저는 어른들은 뭐든지 답을 알고 행동하는 줄 알았어요. 게다가 선생님은 철학도 많이 아시니까.

선생님 사람은 자신이 어디에 가치를 두고 살아가야 하는지 늘 고민하는 존재거든. 그럼 우리 이렇게 할까? 다음에 다시 이야기할 때까지 각자 어떤 가치를 가지고 살고 싶은지, 자기 삶을 어떤 가치가 드러나는 예술 작품으로 만들고 싶은

지 한 번 생각해 보는 거야.

다빈 네, 좋아요!

재영 저는 자신이 좀 없어요, 해 보긴 하겠지만.

선생님 그래, 일단 시작을 해 보자. 영민이 너도 잘 생각해 보고!

6

다시 '나'로
태어나더라도
후회 없게 살아 보기

모두 그대로 멈춰!
너희는 이대로
다시 태어나게 될 거다.
영원히 말이야!

네?
영원히 누워 있는 삶이라…
밥은 어떻게 먹어요?

영원히
게임이라,
완전 행복한데?

영원히 수다만 떨면서
살고 싶진 않은데.
하고 싶은 게
많다구요!

선생님 너희들 생각보다 일찍 왔네. 고민하려면 시간 좀 걸릴 줄 알았는데.

다빈 선생님, 저도 며칠 동안 정말 심각하게 고민해 봤는데요, 잘 모르겠어요.

영민 뭐, 저도 보시다시피.

선생님 재영이한테는 내가 안 물어봐도 되지?

재영 저는 그렇게 고민한 건 아니지만, 담임 선생님께서 꿈이 없어도 괜찮다고 하셨으니까.

다빈 선생님, 그럼 삶의 가치를 못 찾을 경우에는 누가 찾아주기도 하나요?

선생님 당연히 자신이 찾아야지. 지난번에 이야기했지만 이 가치는 조금씩 바뀌기도 해. 또 금방 찾아지지 않을 수도 있겠지만 결국 자신이 찾아야겠지. 내 인생을 다른 사람이 대신 살아 주는 건 아니니까.

다빈 정말 어렵네요, 선생님.

선생님 그런데 니체는 어떻게 가치를 찾을 수 있는지에 대해서 힌트를 주긴 했어.

다빈 진짜요? 그러면 지난번에 말씀해 주셨어야죠.

선생님 아, 그럴 걸 그랬나. 나는 이야기가 너무 길어질까 봐….

영민   힌트가 뭐예요?

선생님 너희들 혹시 '영원회귀'라는 말 들어 본 적 있니?

영민   영원회귀요? 아니요, 처음 들어요.

선생님 말이 좀 어렵지? '회귀'는 '회귀 본능'이라는 말에서처럼 다시 돌아온다는 뜻이니까, 영원회귀는 말 그대로 영원히 다시 돌아온다는 뜻이야.

재영   근데 뭐가 돌아온다는 거예요?

선생님 뭐가 돌아오느냐가 중요하겠지? 니체는 삶이 계속 돌아온다고 말했어.

다빈   삶이 계속 돌아온다고요? 그럼 윤회 같은 건가요?

선생님 다빈이가 윤회를 아는구나. 근데 영원회귀가 윤회와 같지는 않아. 윤회는 그냥 다시 태어난다는 의미지만, 니체의 영원회귀는 똑같은 삶을 계속해서 반복한다는 거야. 그러니까 지금 하고 있는 일을 다음 생에도, 그 다음 생에도 똑같이 한다는 의미야.

재영 선생님, 생각만 해도 무서워요. 영원히 똑같이 살아야 한다는 거잖아요. 근데, 니체는 진짜 영원회귀를 믿었어요? 저는 죽어서 천국이나 지옥은 갈 수 있겠지만 똑같은 삶이 영원히 반복된다는 것은 믿어지지 않아요.

선생님 그래, 그럴 수 있지. 선생님 생각에는 니체가 영원회귀를 그냥 비유로 이야기한 게 아니라 진짜로 믿었던 것 같아. 그렇다고 우리가 꼭 영원회귀를 믿어야 하느냐는 또 다른 문제겠지. 선생님은 영원회귀 개념이 우리가 삶의 가치를 찾는 데 도움이 될 수 있다는 것을 이야기하고 싶어.

다빈 아, 맞다. 영원회귀가 우리 삶의 가치를 찾는 힌트라고 말씀하셨죠?

선생님 이제 그 이야기를 할까 하는데, 만약 다음 생에도 그 다음 생에도 똑같은 일을 한다고 생각하면 너희들은 어떤 일을 하고 싶을 것 같아? 정말 하고 싶은 일을 해야겠지?

재영 그렇겠죠. 안 그러면 지옥이 따로 없을 것 같아요. 이번 생에도 하기 싫은 일을 다음 생에도 또 해야 된다면, 으, 정말 싫을 것 같아요. 내가 전생에 지구를 멸망시켰나, 그런 생각하면서 살게 되지 않을까요?

선생님 그렇겠지? 재영이는 이번 생을 반복해서 살아야 한다면 선생님하고 철학 이야기는 안 하고 싶겠지?

재영 오, 선생님, 자연스러웠어요. 이거 유도신문이잖아요. 제가 넘어갈 줄 알았죠? 그리고 선생님하고 이야기하는 게 그렇게 싫지는 않아요. 선생님하고 얘네들하고 이런 이야기를 하고 있으면 뭔가 똑똑해지는 기분이 들거든요. 그리고 제가 심각한 이야기를 하면 다들 제 이야기는 대수롭지 않게 넘어가는데 선생님은 잘 들어주시잖아요.

선생님 아이고, 갑자기 분위기가…. 내가 멋쩍어지네. 아무튼 우리 삶이 영원히 반복된다면 정말 내가 좋아하는 것들을 하려고 할 거야. 그것이야말로 내가 정말 원하는 삶의 방향이나 가치이지 않을까? 왜냐하면 내가 원하지 않는 것을 다음 생에도 반복하고 싶지는 않을 테니까.

다빈 아, 알겠어요, 선생님. 그러니까 내가 어떤 가치를 가지고 살고 싶은지 모를 때는 내 삶이 영원히 반복된다고 생각하면 그걸 찾는 데 도움이 될 거라는 말씀이시죠?

선생님 그래, 다빈이가 정확하게 이해했구나. 내가 계속 하기를 원하는 것, 그게 삶의 가치니까.

재영 저는 이번 생에도 다음 생에도 항상 게임만 하고 싶은데요, 선생님.

다빈 저는 친구랑 수다 떠는 거요.

영민 저는 아무것도 안 하는 거요. 지금 아무것도 안하고 있지만 더 격렬하게 아무것도 안 하고 싶다, 뭐 그런 느낌이요.

선생님 다들 참 솔직해서 좋다. 그럼 이렇게 이야기해 보자. 너희들 스티브 잡스는 알지?

재영 스티브 잡스 모르는 사람이 어디 있어요? 근데 니체 이야기하다가 갑자기 왜 스티브 잡스 이야기를 하시는 거예요?

선생님 영민이 유튜브 많이 보지?

영민 어…재영이보다는 덜 보지만 많이 보는 편인 거 같아요.

선생님 내가 혼내려고 하는 건 아니고. 혹시 유튜브에서 스티브 잡스가 스탠포드 대학교 졸업식에서 연설한 동영상을 본 적 있니?

영민 아니요, 본 적 없어요. 왜요?

선생님 그러면 나중에 한 번 봐, 유튜브에서 쉽게 찾을 수 있으니까. 그 영상에서 스티브 잡스가 한 말이 있는데 우리가 지금 이야기하는 것과 관련이 있어.

다빈 선생님, 그냥 지금 이야기해 주세요, 현기증 난단 말이에요.

선생님 아, 그래. 그럼 다빈이가 원하니까 간략하게만 이야기하면… 이럴 게 아니라 그냥 같이 볼까? 내 핸드폰이 어딨더라. 어, 그래, 유튜브에서 이렇게 스.티.브.잡.스.스.탠.포.드.를 치면…. 여기 있네. 아마 여기쯤일 것 같은데….

"지난 33년간 매일 아침 거울을 보면서 제 자신에게 묻곤 했습니다. 오늘이 내 인생 마지막 날이라면 지금 하려고 하는 일을 할 것인가? 며칠 연속 '아니오.'라는 답을 얻을 때마다 나는 변화가 필요하다는 걸 알게 됩니다. 내가 곧 죽게 될 거라는 생각은 인생의 결단을 내릴 때마다 가장 중요한 도구였습니다. 왜냐하면 모든 외부의 기대, 자부심, 수치스러움, 실패에 대한 두려움은 죽음 앞에선 모두 떨어져나가고 정말로 중요한 것들만 남기 때문입니다. 당신이 죽게 될 거라는 생각은 무엇을 잃을지도 모른다는 두려움에서 벗어날 수 있는 최고의 방법입니다. (…) 여러분의 시간은 한정되어 있습니다. 다른 사람의 삶을 사느라 인생을 낭비하지 마십시오. 타인의 생각의 결과물에 불과한 도그마에 빠지지 마십시오. 소음에 불과한 타인의 의견이 여러분 내면의 목소리를 가리

도록 두지 마세요. 또 가장 중요한 것은 가슴과 영감을 따르는 용기를 갖는 것입니다. 이미 여러분의 가슴과 영감은 여러분이 진정 뭐가 되고자 하는지를 잘 알고 있습니다. 그 외의 모든 것은 부차적인 것입니다."

여기까지 볼까? 잘 봤지? 여기서 스티브 잡스는 중요한 결정을 할 때마다 "오늘이 내 인생 마지막 날이라면 지금 하려고 하는 일을 할 것인가?"라고 물어본다고 하잖아. 왜 그럴까?

다빈 오늘이 인생의 마지막 날이라면 우리가 가장 가치 있다고 생각하는 것을 하게 되기 때문 아닐까요?

선생님 맞았어. 다빈이가 방금 '가치'라는 말을 썼네. 어때, 방금 이야기했던 니체의 영원회귀 개념과 통하는 것 같지?

영민 선생님, 근데 니체는 우리 삶이 영원히 반복된다고 이야기했고 스티브 잡스는 내일 죽는다고 했는데, 두 사람 이야기가 좀 다르지 않나요?

선생님 역시 영민이가 예리해. 근데 결론을 보면 비슷하다고 할 수 있을 것 같아. 스티브 잡스가 이야기한 것처럼 오늘이 우리 인생의 마지막 날이라면 정말 자신이 가치 있다고 생각하는 걸 하겠지. 마찬가지로 니체의 영원회귀처럼 지금

하고 있는 일을 다음 생에도 그 다음 생에도 반복해야 한다면 정말 가치 있고 의미 있는 일을 하려고 할 거야. 그러니까 사실 내가 당장 내일 죽는다고 생각하든, 아니면 영원히 반복되는 삶을 산다고 생각하든 간에 둘 다 자신이 생각하는 중요한 가치를 찾을 수 있는 방법이라고 할 수 있지 않을까?

다빈 선생님, 듣고 보니 정말 그런 것 같아요.

선생님 그래, 니체와 스티브 잡스한테서 힌트를 얻었으니 너희들도 너무 쉽게 포기하지 말고 조금 더 고민해 봐. 아마 오늘이 인생의 마지막 날이면 게임을 하거나, 친구들과 아무 말 대잔치 같은 수다를 떠는 결정이나 멍 때리는 결정은 안 할 것 같긴 한데. 그나저나 우리가 니체에 대해 이야기를 하게 된 건 불안에 대해 더 이야기하기 위해서였잖아? 영민이는 기억하겠지만 프로이트도 불안 때문에 이야기를 시작한 거고. 그래서 하는 말인데, 너희들 혹시 니체의 이런 말도 들어 본 적 있니?

재영 아직도 니체의 유명한 말이 더 남아 있어요?

선생님 아직 엄청 많이 남았는데? 재영이 너 졸업할 때까지 나랑 이야기해야 될 지도 몰라.

재영   저야 좋죠! 근데 그 말이 뭐예요?

선생님   "신은 죽었다"라는 유명한 말인데.

재영   어, 선생님, 저 그 말 들어 봤어요.

선생님   재영이도 들어 본 적이 있다니 정말 유명한 말이라는 게 느껴지네. 그럼 무슨 의미인지도 알고 있지?

재영   그냥 신은 죽었다는 말 아닌가요?

다빈   근데 신이 죽으면 신이 아니지 않을까요, 선생님?

선생님   그래, 다빈이 말도 일리가 있네. 아무래도 이때 신이라는 말의 의미를 조금 넓게 봐야할 것 같아. 신이라는 말을 들으면 어떤 이미지가 떠오르니?

영민   수염 난 할아버지 같은 이미지가 떠올라요.

선생님   무서운 이미지는 아니고?

재영   당연히 그런 이미지도 있죠. 왠지 나쁜 일을 하면 벌을 내릴 것 같은 이미지도 있어요.

선생님   그래, 니체가 말하는 신은 아마도 그런 이미지를 가진 신일 거야. 그러니까 신 앞에서는 항상 뭔가 잘못한 거 같고, 그래서 벌 받을까봐 주눅 들어 있겠지. 왜 신을 믿는 사람들은 보통 인간이 죄인이라고 하잖아.

다빈   네, 맞아요. 저도 교회에 가면 그런 이야기를 많이 들어요.

그런데 그런 죄인을 구원하는 게 신이잖아요.

선생님 그래, 맞아. 사실 신이 인간을 구원하려면 인간이 죄인이어야 하잖아. 그래서 니체는 인간이 죄가 있어서 죄인이 되는 게 아니라 죄인이기 때문에 죄가 있다고 생각한다고 했어.

재영 네? 같은 말 아니에요?

선생님 예를 들어 내가 재영이 너한테 계속 거짓말쟁이라고 말하면 처음에는 너도 그렇게 생각 안 했지만 계속해서 듣다 보면 그래, 내가 거짓말쟁이일지도 몰라, 그렇게 생각할 거야. 그리고 한번 내가 거짓말쟁이라는 생각이 들면 어떤 거짓말을 한 건지 자꾸 생각하게 되지. 마찬가지로 니체도 신이라는 개념 때문에 우리가 죄를 지은 적도 없는데 죄인이 된다는 거야. 그리고 진짜 죄인인 것처럼 양심의 가책을 느끼게 되고.

다빈 맞아요, 자꾸 다른 사람들이 너는 별로야, 라고 말하면 처음에는 그렇게 생각 안 하다가 점점 내가 별로라는 생각이 들어요.

선생님 니체가 이야기하는 게 그런 의미야. 니체는 그런 신이 죽었다고 말했어. 그러니까 사실 "너는 틀렸어", "너는 별로야", "너는 죄인이야", "다 너 때문이야"라고 말하는 신이라

는 존재는 이미 죽고 더 이상 존재하지 않는다는 의미겠지. 근데 영민아, 우리가 프로이트 이야기를 할 때에도 뭔가 비슷한 말을 하지 않았어?

영민 네, 안 그래도 선생님께서 그 질문하실 줄 알았어요.

선생님 역시. 이제 영민이는 척하면 척이네.

영민 니체가 말한 "신은 죽었다"의 그 신은 프로이트의 '초자아'가 하는 역할이랑 비슷한 것 같아요.

선생님 딩동댕이야. 초자아는 우리에게 죄책감이나 양심의 가책 같은 걸 주니까 니체의 신과 비슷한 면이 있지.

영민 그런데 선생님, 니체의 신은 죽었지만 프로이트의 초자아는 안 죽는 거 아니에요? 인간은 누구나 초자아, 자아, 이드를 갖고 있다고 하셨잖아요.

선생님 그래, 좋은 질문이야. 니체는 사실 우리가 잘못한 것도 없는데 잘못했다고 비난하는 그런 신은 죽었으니까 죄책감 가지지 말고 하고 싶은 대로 살아가라고 하는 거야. 아까 말한 것처럼, 니체는 우리에게 다른 사람이 어떻게 사는지 비교하거나 곁눈질하지 말고 '너 자신이 되어라'라고 말해. 내 인생의 가치를 찾는 것도 마찬가지야. 이렇게 살면 이번 생은 망하는 것은 아닐까 걱정하지 말고, 자신이 원

하는 삶을 살아도 된다는 거겠지. 그런데 프로이트는 우리

가 죄책감을 가지고 불안함을 느끼는 것이 특별히 잘못된

것은 아니고 누구나 인간은 조금씩 죄책감, 불안감을 가지

고 살아간다고 말해. 그렇지만 프로이트와 니체 두 사람

모두 공통적으로 죄책감이나 불안감은 우리가 잘못했거

나 잘못되었기 때문에 갖는 것은 아니라고 말하는 거지.

영민 아, 이제 선생님께서 왜 프로이트와 니체 두 사람을 같이

이야기하는지 이해가 됐어요.

다빈 니체는 우리를 불안하게 만드는 신은 죽었다고 이야기했는데, 그럼 그 다음에는 어떻게 되는 거예요? 신 없이 사는 거예요?

선생님 그래, 다빈이가 좋은 질문을 했어. 니체는 우리에게 너무 높은 기준을 제시하면서 거기에 미치지 못하면 죄책감을 주고 불안하게 만드는 그런 존재는 이제 사라졌으니까, 내 삶의 기준은 나 자신이 되어야 한다고 이야기했단다. 요즘 "자기 삶의 주인이 되어라"라는 말도 많이 하잖아. 그 말이 사실은 니체가 하고 싶었던 말이야.

재영 내 삶의 주인이 되어라. 이것도 진짜 멋있는 말 같아요. 철학자들은 뭔가 멋져요.

선생님 멋있다니 다행이네. 부모님이나 선생님은 말 잘 듣고, 공부도 열심히 해서 의사나 변호사가 되거나, 돈 많이 버는 유튜버나 손흥민 같이 유명한 운동선수가 되기를 바라지만, 우리가 다 그렇게 살 필요는 없잖아? 다 그렇게 살 수도 없고. 그리고 그렇게 살지 않는다고, 아니면 그렇게 살지 못한다고 죄책감이나 불안감을 가질 필요도 없어.

재영 선생님, 그 말씀 꼭 우리 엄마한테도 전해 주세요.

선생님 재영아, 네 삶의 주인은 너니까 직접 말해도 되지 않겠어?

영민 나는 선생님이 그렇게 말하실 줄 알았어. 재영아, 나처럼 가만히 있었어야지.

선생님 영민이는 재영이를 놀리는 게 아니라 선생님을 놀리는 것 같은데. 암튼 니체는 인간을 길들일 수도 있고 길러낼 수도 있다는 이야기를 한 적이 있어.

다빈 인간을 길들인다고요? 인간이 반려동물도 아닌데 어떻게 길들일 수 있어요?

선생님 하하, 그렇지? 그럼 길들이는 것과 길러내는 것은 어떻게 다를까?

재영 글쎄요, 길들이는 것은 개한테 앉아, 기다려, 하고 말하는 것 아닌가요.

선생님 맞았어. 길들이는 것은 내가 원하는 대로 상대방이 행동하도록 강요하는 거야. 그렇다면 길러내는 것은?

영민 그 반대겠죠. 뭔가 아껴 주는 느낌? 아니면 강요하지 않고 상대방의 입장에서 도와주는 것?

선생님 그렇지. 우리가 하고 있는 이야기에 대입하자면 각자 자신의 타고난 소질을 발전시키는 것, 그게 길러내는 것이야. 내가 많은 학생들과 상담하면서 자기 자신에 대해서 자부심과 긍지를 느끼지 못하고 부모님과 선생님을 만족시키

지 못한다는 죄책감을 느끼거나, 자기 자신이 별 볼일 없는 존재라고 생각하는 경우를 많이 봤어. 니체 말대로 남의 시선과 평가에 신경을 쓰고, 다른 사람이 제시한 기준에 미치지 못하면 남이 무시하지 않을까 걱정하잖아. 이런 게 우리가 다른 사람에게 길들여지는 거겠지. 니체는 그런 사람을 노예라고 말해. 삶의 주인이 되라고 하는 말은 그렇게 길들여지지 말고 자신의 기준과 가치로 살아가면서 자신의 소질을 있는 그대로 길러내라는 의미야.

다빈 지금 우리처럼요!

선생님 아, 그래? 그러면 정말 다행이고.

재영 근데 저는 아직 저의 가치와 기준이 뭔지 모르겠어요.

선생님 그럴 수 있지. 선생님이 계속 이야기하는 것처럼, 너무 조급하게 생각하지 말고 조금씩 고민하면 그걸로 충분해.

영민 뭔가 오늘은 훈훈하게 마무리되는 것 같아요.

선생님 그럼 훈훈할 때 우리는 헤어지는 게 좋겠다.

다빈 선생님, 다음에는 뭐에 대해서 이야기해 주실 거예요? 궁금해요.

선생님 글쎄, 선생님도 생각을 좀 해 봐야겠는데? 일단 계속 니체에 대해서 이야기해 보자.

7

어린아이처럼
살라고?

선생님 어, 오늘은 점심시간에 안 오고 수업 끝나고 왔네?

영민 점심시간에는 저희들끼리 이야기한다고 못 왔어요.

선생님 선생님 흉본 거 아냐?

다빈 어, 들켰네요.

재영 사실은 지난번에 프로이트 말씀해 주신 걸 제가 잘 이해를 못하는 것 같아서 애들한테 알려달라고 했어요. 근데 들어 보니까 프로이트도 재미있는 것 같아요.

선생님 선생님이 계속 하는 말이지만, 사상가나 철학자는 다 우리와 같은 고민을 했던 사람들이니까 알아 두면 도움이 많이 되지. 우리가 지금 고민하는 문제나 인생의 질문에 대한 해답을 주기도 하고. 그런 의미에서 오늘은 계속 니체를 이야기해 볼까? 너희들 혹시 니체가 쓴《차라투스트라는 이렇게 말했다》라는 책 들어 본 적 있니?

재영 아니요, 처음 들어 봐요. 책 이름이 무지 특이하네요.

선생님 한 번 들으면 안 잊어버릴 것 같은 제목이지?

다빈 차라투스트라는 누구예요?

선생님 이름이 특이하지? 차라투스트라를 우리나라에서는 보통 조로아스터라고 하는데 혹시 들어 봤어?

다빈 아니요.

선생님   조로아스터는 '조로아스터교'라는 종교를 창시한 사람이
         란다.

재영   조로아스터교요? 그런 종교도 있어요?

선생님   그래, 기독교나 불교처럼 많은 사람들이 믿는 종교는 아니
         지만, '배화교'라고 해서 불을 섬기는 종교야. 지금의 중동
         지역에서 생겨났지.

재영   특이하네요, 불을 섬긴다니. 근데 조로아스터라고 하면 되
         지 왜 차라투스트라라고 하는 거예요?

선생님   영어식으로 읽으면 조로아스터고 독일어식으로 읽으면
         차라투스트라가 되는 거야. 뭐 별거 없지?

영민   근데 그 책 이야기는 왜 하셨어요?

선생님   그 책 서문에 보면 니체의 유명한 비유가 나와. 니체가 인
         간 정신의 수준을 3단계로 이야기하는데, 첫 번째 단계가
         낙타의 단계야.

다빈   낙타요? 왜 낙타예요?

선생님   다빈이는 낙타를 생각하면 뭐가 떠오르니?

다빈   음…. 등에 혹이 있고 툭 튀어나온 무릎이랑 예쁜 속눈썹?
         짐을 싣고 사막을 줄지어 가는 모습도 텔레비전에서 많이
         봤어요.

선생님　그래, 낙타는 주로 짐을 싣고 가거나 사람을 태우잖아? 니체가 인간 정신의 가장 낮은 단계를 낙타로 비유한 이유가 바로 그거야. 낙타는 자기가 왜 짐을 짊어지고 가야 하는지도 모르면서 그저 묵묵히 무거운 짐의 무게를 견디는 존재라는 거야.

영민　낙타가 인간 정신의 가장 낮은 단계면 안 좋다는 거잖아요. 짐을 지는 게 왜 안 좋은 건지 모르겠어요.

선생님　니체 생각에, 낙타는 자기가 왜 짐을 지는지도 모르면서 주인이 시키니까 지는 거야. 너희들도 하기 싫은데 억지로 참으면서 하는 일들 있잖아?

재영　엄청 많죠. 사실 공부도 하기 싫은데 억지로 하는 거예요.

선생님　그래? 근데 왜 그걸 억지로 하지?

재영　그야 부모님도 공부하라고 하고 선생님도 그렇게 하라고 하니까요.

선생님　그렇지. 왜 그걸 해야 하는지도 모르고, 부모님과 선생님이 하라니까 그냥 하는 거야. 내가 그걸 정말 하고 싶은지가 중요한 게 아니라 착한 아이, 공부 잘하고 성실한 학생이라는 소리를 듣고 싶은 마음이 더 큰 거지. 그래서 왜 그런 규범을 받아들여야 하는지도 모르면서 그저 그 규범대로 살아

가는 상태를 니체가 낙타에 비유한 거야.

다빈   그렇게 말씀하시니까 낙타의 삶이 정말 안돼 보여요.

선생님 꼭 그렇게만 생각할 수 없는 게, 니체는 낙타가 그저 무거운
짐을 억지로 견디고만 있는 게 아니라, 다른 사람보다 내가
얼마나 무거운 짐을 더 잘 나를 수 있는지, 또 다른 사람보
다 얼마나 잘 견디는지 자랑스러워하는 존재라고 말해.

다빈   선생님, 그 말이 맞는 것 같아요. 저도 아무리 힘들어도 성
실한 학생이라는 칭찬을 듣기 위해서 남들보다 잘 견디는
걸 좋아하기도 해요. 그럴 때 뭐랄까, 내가 다른 사람보다
더 나은 사람 같은 느낌이 들어요. 근데 그게 인간 정신의
가장 낮은 단계라니 뭔가 슬퍼요.

선생님 너무 실망하지 마. 낙타가 인간 정신의 가장 낮은 단계라
고 한 건 니체의 생각이고 너희들은 또 다를 수 있지. 선생
님이 하고 싶은 이야기는 너희들은 어느 단계에 있는지 한
번 생각해 보라는 거야.

영민   그럼 두 번째 단계는 뭐예요?

선생님 니체가 말한 인간 정신의 두 번째 단계는 사자야.

재영   사자요? 사자는 왜요?

선생님 왜일까? 사자하면 뭐가 떠오르니?

재영 용맹함?

선생님 맞았어. 사자의 용맹함 때문이야. 낙타는 자신이 왜 짐을 짊어져야 하는지도 모르면서 짐을 지고 견디는 존재라고 그랬잖아? 니체는 그것보다 더 나은 인간 정신이라면 응당 용기 있게 그 짐을 벗어 버려야 한다고 생각한 거야. "다른 사람이 나한테 지우고 나르라고 한 이 짐을 견뎌야 하는 이유를 모르겠어! 더 이상 못 들겠어!" 하면서 용기 있게 말하는 존재가 사자야. 근데 문제가 하나 있어.

재영 무슨 문제요?

선생님 사자는 남이 지운 무거운 짐을 벗어 던지긴 했는데 그 다음에 뭘 해야 할지 모르는 거야. 지난번에 우리가 했던 이야기와 연결시켜 보자면, 이제 다른 사람이 나한테 강요하는 가치대로 살지 말아야겠다고 용기는 냈지만 나의 가치가 뭔지는 아직 못 찾은 상태라고 할 수 있겠지?

영민 근데 선생님, 저는 아직 그게 어떤 상태인지 정확하게 이해가 안 돼요.

선생님 그래? 사자가 "내가 왜 이 짐을 짊어져야 하지?"라고 묻는다는 건, '부모님이나 선생님들이 무조건 공부를 열심히 해야 한다는데 왜 그래야 하지?' '좋은 대학 가서 대기업

직원이나 공무원 같은 좋은 직업을 가져야 한다는데 왜 그래야 하지?'와 같이 다른 사람이나 사회에서 요구하는 것을 이루기 위해서 참고 견디는 게 맞는 건지 고민하는 상황인 거야. 말하자면, 외부에서 강요한 가치를 받아들일 생각은 없지만 그렇다고 내가 하고 싶은 것, 내가 삶에서 이루고 싶은 나만의 가치는 없는 상태가 사자야.

영민 선생님, 그럼 마지막 단계는 뭐예요? 또 동물이에요?

선생님 이번에는 동물이 아니야. 니체가 말한 정신의 가장 높은 단계는 어린아이야.

영민 네? 어린아이요? 어린아이가 왜 인간 정신의 가장 높은 단계예요?

선생님 너희들 혹시 어린아이가 노는 모습을 본 적 있니?

재영 당연히 많죠. 우리 아파트 놀이터에 가면 전부 어린애들인 걸요.

선생님 그래, 아파트에 있는 어린아이를 생각해 보면 되겠네. 아이들이 즐겁게 노니, 지루하게 노니?

다빈 엄청 즐겁게 놀죠. 뭐 별 것도 아닌데 자기들끼리 뛰어다니면서 재밌게 놀아요.

선생님 그래, 그게 포인트야. 니체는 어린아이들이 어떤 상황에서

든 재미있게 논다는 데 주목했어. 아파트든 학교 운동장이

든 해변이든, 아니면 장난감이 있든 없든, 없으면 친구들

끼리 장난감을 만들어서라도 즐겁게 놀잖아. 그러다가 엄

마가 부르면 또 미련 없이 돌아서서 가 버리지.

영민 근데 그게 좋은 거예요?

선생님 조금 어려운 말로 하면 어린아이들은 자기 삶을 긍정한다

고 할 수 있지. 어린아이는 놀 때 '왜 이 놀이를 해야 하지?'

하고 묻지는 않잖아, 왜 그럴까?

다빈 그야 노는 게 재밌으니까요.

선생님 그래, 어린아이는 자신에게 주어진 조건을 긍정할 뿐만 아

니라 놀이로 만들어. 내 삶을 다른 사람과 비교해서 부족하다고 생각하지도 않고, 다른 사람이 나를 어떻게 생각할까 불안해하지도 않고 자기에게 주어진 조건을 긍정하면서 즐겁게 놀잖아. 우리가 지난번에 이야기했던 운명애를 실천하는 사람이라고도 할 수 있지.

다빈 그럼 어린아이가 초인이겠네요?

선생님 그렇게 이해해도 되겠지, 넓은 의미에서는.

재영 근데 저는 이제 어린아이가 될 수 없으니까 그 단계는 못 가는 거네요.

선생님 캬! 그거 날카로운 질문인데? 근데 어린아이 단계는 정말 어린아이만 될 수 있다는 것이 아니라 우리 정신이 어린아이 같아야 한다는 의미야. 그러니까 선생님도 너희들도 모두 어린 아이가 될 수 있는 거지. 근데 너희들은 지금 어느 상태에 있는 거 같니?

영민 잘 모르겠어요. 한 번도 생각해 본 적이 없어서.

다빈 저는 낙타의 단계에 있었는데, 오늘 선생님 말씀을 들으니까 이제 왠지 사자가 될 거 같은 느낌이 들어요.

재영 선생님, 저는 어린아이요. 친구들한테 항상 어린아이같이 순진무구하다는 이야기를 듣거든요.

선생님 그래, 재영이가 아~주 순진무구한 것 같네. 니체는 낙타-사자-어린아이 순으로 정신의 단계가 높아진다고 생각했는데, 선생님은 꼭 그렇게 생각할 필요는 없을 것 같아. 니체가 들으면 섭섭하겠지만 낙타는 낙타대로, 사자는 사자대로, 어린아이는 어린아이대로 다 장점과 단점이 있겠지. 너희들도 어떤 단계에 있기를 바라는지 잘 생각해서 그런 사람이 되려고 노력하는 게 중요할 듯해.

영민 근데 선생님, 이 이야기는 왜 하셨어요?

선생님 아, 맞다, 영민이 아니었으면 내가 또 딴 길로 샐 뻔 했네. 이제 니체 이야기를 슬슬 정리해야할 것 같아서.

다빈 뭔가 정리하는 분위기네요.

선생님 그래, 내가 원래 하려고 했던 큰 이야기는 거의 다 한 것 같아. 그나저나 벌써 시간이 이렇게 됐네. 그 이야기는 저녁 먹으면서 할까? 우리 오랜만에 다 같이 저녁 먹자. 괜찮지?

다빈 네. 좋아요!

선생님 그럼 이따가 수업 마치고 여기서 만나서 같이 나가자.

안녕~ 난 니체야~

이번엔 내 차례인가? 안녕, 나는 프리드리히 니체(Friedrich Nietzsche)라고 해. 나도 편하게 니체라고 불러 줘. 나는 1844년에 독일의 작은 마을인 뢰켄에서 태어났어. 프로이트가 1856년에 태어났으니 내가 형이지만, 우리는 동시대를 살았지.

내 인생은 좀 파란만장해. 평생 육체적·정신적으로 어려움을 많이 겪었거든. 사실 우리 아버지는 내가 고작 5살 때 돌아가셨어. 또 나는 10살 이후로 건강 때문에 끊임없이 고통을 겪어야 했지. 평생 두통과 위통에 시달린데다가, 눈 질환 때문에 읽고 쓰는 것도 편하지 않았어. 온갖 질병에 시달렸으니 많이 힘들었겠지?

그래도 열심히 산 덕분에 1869년에 25살의 나이로 스위스 바젤 대학의 교수가 되었지만, 이마저도 몸이 좋지 않아 그만두고 말았어. 결국 난 건강 때문에 인생의 대부분을 이곳저곳으로 옮겨 다니며 요양을 하며 지내다가 45살에 정신병에 걸리고 말았지. 요양하던 중에 이탈리아 토리노의 광장에서 말이 채찍질 당하는 것을 보고 난 너무 큰 충격을 받았어. 말의 목을 잡고 울부짖다가 길바닥에 쓰러져 버렸지. 이후에 나는 어떻게 되었을까? 10년 이상 철학자로서 거의

활동하지 못하고 집 안에만 있다가 1900년에 이 세상을 떠났단다.

내가 불쌍하다고? 그렇다고 나를 동정하지는 마. 이런 불행한 삶에도 불구하고 난 포기하지 않았거든. 《비극의 탄생》, 《선악의 저편》, 《도덕의 계보》, 《차라투스트라는 이렇게 말했다》 등 많은 책들을 펴내면서 스스로 나의 불행한 운명을 극복해 나갔어. 오히려 아픈 삶은 더 나은 삶을 위한 강력한 자극제가 되었고, 위기 상황은 자기 극복을 위한 기회가 되었지.

이런 의미에서 난 내가 주장했던 것처럼 스스로 삶을 극복한 '운명애'를 실천한 내 삶의 영웅이었다고 생각해. 어때, 이 정도면 나를 '초인'이 되려는 노력을 끊임없이 기울였던 진정한 철학자이자 내 삶을 예술 작품으로 만든 위대한 예술가라고 말하기에 충분하지 않을까?

내가 명랑과 긍정을 사랑할 수 있었던 건, 사실 이렇게 가혹한 운명과 대결하면서 나 스스로를 더 강화하고 고양시킨 결과라는 걸 잊지 말아 줘.

8

나만의 가치를 찾아
건강한 몸 만들기

재영 선생님, 잘 먹겠습니다!

영민 이번 학기 들어서 피자는 처음 먹는 것 같아요.

선생님 그래, 다들 맛있게 먹어. 선생님도 너희들 덕분에 오랜만에 특식을 먹네. 먹으면서 이야기하려니까 좀 불편하긴 하지만, 그래도 한 번 해 볼까? 프로이트가 이런 이야기를 한 적이 있어. 인간의 자존심에 큰 상처를 준 사건이 세 개가 있다는 거야. 혹시 뭔지 아니?

재영 제가 그걸 어떻게 알겠어요.

선생님 아이고, 자랑이다, 이 녀석아. 첫 번째 사건은 코페르니쿠스의 '지동설'이야. 지동설이 뭔지는 알지?

영민 지난 학기에 데카르트 이야기할 때도 물어보셨잖아요, 그래서 제가 대답해서 선생님께 칭찬도 받는걸요.

선생님 아, 미안. 내가 잊어버렸나보다.

영민 근데 왜 지동설이 인간의 자존심에 상처를 준 사건이에요?

선생님 지동설 이전에 사람들은 오랫동안 천동설을 믿었잖아. 사람들은 신이 인간을 위해 이 지구를 창조했다면 분명 지구가 우주의 중심일 수밖에 없을 테니까 태양이 지구를 돈다고 생각했던 거겠지? 근데 지동설은 우리가 살고 있는 이 지구가 우주의 중심이 아니고 태양 주위를 도는 여러 별

중 하나일 뿐이라는 주장이니까, 사람들이 받아들이기 힘들었을 거야. 자존심이 상하는 일이잖아.

영민   아, 이제 이해가 되었어요. 그럼 그 다음은요?

선생님   그 다음은 다윈의 진화론이야.

다빈   왜요? 진화론이 왜 자존심 상하는 일이에요?

선생님   진화론 이전에는 사람들이 뭘 믿었을까?

다빈   글쎄요…. 창조론…?

선생님   맞았어. 지동설로 인해 우리가 살고 있는 이 지구가 우주의 중심이 아니라는 건 알았지만, 적어도 인간은 특별하기 때문에 동물과 다르다고 생각했겠지. 근데 진화론은 결국 인간과 동물이 그렇게 다르지 않다는 거잖아? 진화론에 따르면 동물이 진화해서 인간이 되었으니까.

영민   듣고 보니까 그런 것 같아요. 인간이 가장 특별한 존재가 아니라 다른 동물과 비슷한 존재라는 말이잖아요.

다빈   선생님, 근데 창조론과 진화론은 사실 지금도 뭐가 맞는지 논란이 있잖아요.

선생님   맞아. 근데 이건 프로이트의 생각이니까 한 번 들어 보는 거지.

다빈   아, 네, 알겠어요. 다 듣고 판단해도 된다는 말씀이시죠?

선생님	그렇지! 다빈이가 선생님 이야기를 잘 이해하고 있구나.
재영	그러면 마지막 사건은요?
선생님	프로이트 자신이 한 말이어서 손발이 좀 오그라들긴 하지만, 마지막 사건은 프로이트 자신의 업적인 '무의식의 발견'이야.
영민	네? 무의식의 발견이 왜 인간의 자존심에 상처를 내는 거예요?
선생님	인간이 사는 지구가 세상의 중심이라고 생각했는데 지동설에 의해 아닌 것이 밝혀졌고, 지구가 중심이 아니더라도 인간은 중심이라고 생각했는데 진화론으로 부정당했잖아. 그래도 인간과 동물이 다른 점은 인간이 가진 이성이라고 생각했는데, 무의식의 발견으로 이성이나 의식도 사실은 우리가 통제할 수 없는 무의식의 산물일 뿐이라고 하니 인간으로서 자존심이 상한다는 게 프로이트의 생각이야.
다빈	아, 세 가지 사건 모두 이해했어요.
선생님	프로이트의 예들은 인간이 대단한 존재라고 생각했는데 사실 그렇지 않다는 걸 알아 가는 과정이라고 할 수 있어. 우리가 지난 학기에 데카르트 이야기를 하면서 '생각'이 인간에게 얼마나 중요한지 알아봤잖아? "나는 생각한다,

그러므로 존재한다"라는 데카르트의 말은 결국 생각이 인간을 존재하게 한다는 뜻이니까. 근데 그 생각이라는 게 사실 대단한 게 아닐지도 모른다는 게 프로이트의 생각이야. 내 안에 스스로 통제할 수 없는 '무의식'이라는 것이 있다는 거니까. 내 안에 내가 잘 모르는 '내 안의 그놈'도 있으니, 내가 누구인지 말할 수 있는 사람은 그렇게 많지 않다고도 할 수 있겠지. 그런 점에서 니체도 비슷해.

영민   니체도요? 니체도 무의식에 대해서 이야기했어요?

다빈   혹시 니체도 지난 학기에 선생님께서 말씀하신 흄처럼 나라는 존재는 없다는 주장을 한 건가요?

선생님   이야, 다빈이가 그걸 다 기억하고 있네.

다빈   저는 흄 이야기를 듣고 싶어서 계속 기다리고 있는데, 선생님이 말씀을 안 해 주셔서….

선생님   아이고, 미안. 다빈이 때문에라도 다음에는 꼭 흄에 대해서 이야기를 해야겠는데? 이번에는 선생님이 약속할게.

다빈   진짜요? 오예!

선생님   암튼 니체가 프로이트처럼 무의식에 대해서 이야기하거나 흄처럼 나라는 것이 없다고 이야기한 건 아니야. 지난번에 니체가 "너는 너 자신이 되어야 한다."라고 말했다고

했잖아? 그러니까 니체도 '나'는 존재한다고 생각하는 거지. 근데 이때 나 자신은 하나가 아니라 여럿이라는 거야. 내가 단수가 아니라 복수라고나 할까?

재영 영어 배울 때 단수, 복수의 그 복수라고요? 그러니까 내가 여럿이라는 말이잖아요. 그럼 나는 한 사람이 아니라 여러 사람인 건가요? 어떻게 내가 여러 사람이라고 할 수 있어요? 나는 한 사람인 것 같은데….

선생님 좀 이상하게 들리지? 그렇다고 그렇게 놀랄 것까지야. 근데 프로이트를 생각해 보면 좀 더 이해가 될 거야. 프로이트는 우리 정신 안에 무의식, 전의식, 의식이 있고, 또 이드, 자아, 초자아로 나눌 수 있다고 했잖아. 그리고 무의식이나 이드는 우리가 통제할 수 없는 그런 욕망이기도 하고. 또 프로이트가 '리비도'라고 부르는 우리 정신의 마그마도 있었잖아. 그러니까 우리 안에는 다양한 힘들이 존재한다고 할 수 있겠지. 마찬가지로 니체도 그렇게 생각하는 거야. 니체는 내 안에 엄청나게 많은 '충동'이 있다고 이야기했어. 그리고 이 충동이라는 것은 우리가 몸을 가지고 있기 때문에 생기는 거라고도 했고. 쉽게 이야기하면 우리 안에는 많은 힘들이 있는 거야.

영민 프로이트가 우리 안에는 내가 통제할 수 없는 것들이 있다고 생각한 것처럼 니체도 그렇게 생각한 거네요.

선생님 그래, 그렇게 생각하면 좀 나을 듯해. 사실 철학을 생각하면 뭔가 정신적이고 생각만 강조하는 것 같은데, 프로이트와 니체를 보면 그렇지 않은 걸 알 수 있어. 사실 우리는 정신만 있지 않고 몸도 가진 존재잖아.

영민 제 말이 그 말이에요.

선생님 누구도 그 사실을 부인할 수는 없을 거야. 그런데 데카르트 같은 경우는 정신을 더 강조한 거고, 프로이트와 니체는 몸도 중요하게 생각한 거야. 그런데 몸을 강조한 이유가 있겠지? 방금 이야기한 것처럼 니체는 우리 몸 안에 다양한 욕망이 있다고 생각했어. 그런 욕망을 힘이라고 부르기도 해. 그런데 흥미로운 게 뭔 줄 알아?

다빈 분명히 선생님한테만 흥미로운 얘기일 것 같아요.

선생님 아냐, 그럴 리가 없어. 흥미로운 점은 니체는 '나'는 먼저 존재하는 것이 아니라 우리 몸 안에 있는 힘들이 어떻게 배치되고 결정되느냐에 따라서 나중에 만들어지는 거라고 생각했어.

재영 선생님, 잘 이해가 안 돼요. 어떻게 내가 나중에 만들어지는 거라고 할 수 있죠?

선생님 그래, 좀 어렵긴 하지? 예를 들어 보자. 어떤 날은 왠지 혼
자 영화를 보고 싶을 때도 있고, 어떤 날은 친구들하고 신
나게 놀고 싶을 때도 있잖아? 니체는 그게 사실은 내 안에
있는 충동 혹은 힘들이 하고 싶은 것들이 매번 각자 달라
서 그렇다는 거야. 그리고 '감수성이 넘칠 때의 나'와 '친
구들하고 신나게 놀 때의 나'가 다르다는 의미야. 재영이
안에는 이처럼 다양한 힘들이 존재하고, '나'라는 것은 이러
한 힘들의 배치에 따라서 끊임없이 바뀐다고 할 수 있겠지.

다빈 선생님, 방금 설명해 주신 걸 들어 보니 지난번에 흄 이야
기와 비슷한 것 같아요. 그때도 나는 순간순간 바뀌기 때
문에 '변하지 않는 나'는 없다고 하셨잖아요.

선생님 오, 나는 그렇게 생각해 본 적이 없는데 다빈이 말을 듣고
보니 그런 것 같네. 비슷한 면이 있어. 그나저나 다빈이는
완전히 흄에게 꽂혔구나.

다빈 니체의 말대로 철학을 이해하려는 제 안의 힘이나 충동 같
은 거죠.

선생님 아이고, 이제 우리 다빈이가 내 머리 꼭대기에 있네. 너희들
학교에서 진로 검사나 MBTI 검사 같은 거 해 본 적 있지?

재영 그거 선생님이 지난 학기에 하셨잖아요?

선생님 아, 그렇지, 내 담당이었는데. 우리 다 MBTI 검사했었지.

영민 네, 저는 ISTJ였어요.

선생님 너가 I라고? 내가 아는 영민이랑 좀 다른데? 암튼 내가 그 검사할 때도 이야기했을 것 같은데, MBTI 같은 검사가 좋은 점도 있어. 내가 뭘 좋아하는지, 어떤 것에 적성이 있는지, 내 성격이 어떤지 알 수 있잖아.

다빈 맞아요, 선생님. 저도 저를 잘 몰랐는데 검사를 하고 나니까 제가 어떤 사람인지 조금 느낌이 왔어요.

선생님 근데 다른 한편으로는 내가 이런 성격의 사람이라고 한번 생각하면 자꾸 그쪽으로 흘러가게 되니까 안 좋은 점도 있어. 친구들끼리 나는 E인데 너는 뭐냐, 하고 묻잖아. 그걸로 내 친구는 이런 사람이라고 딱 단정하기도 하고.

영민 맞아요, 그때 검사하면서 선생님이 그렇게 말씀하셨잖아요. 이 검사가 도움이 되지만, 사람은 변할 수 있으니까 그것도 잘 생각하라고요.

선생님 역시 영민이가 잘 기억하고 있구나. 니체의 생각도 비슷해. 나는 이런 사람이야, 라고 생각하기 시작하면 거기에 맞지 않는 모습은 내가 아니라고 생각하잖아.

재영   맞아요, 제 친구 중에도 굉장히 내성적인 친구가 있는데 그 친구가 화를 낼 때면 좀 어색하긴 해요. 다른 사람 같기도 하고.

선생님   사실 모두 다 자신의 모습인데, 스스로를 규정짓는 고정관념이 있으니까 나에게 다른 모습이나 평소에 원하지 않던 것을 바라면, "이건 진정한 내 모습이 아니야"라고 생각하거나 뭔가 잘못됐다고 생각할 때도 있잖아? 그것 때문에 죄책감을 느낄 때도 있지. 아니면 내가 뭔가 잘못 되어 가고 있나, 잘못된 길로 가고 있나 불안하기도 하고. 근데 니체는 우리에게 다양한 모습이 있고, 그 다양한 모습 중에서 어떤 모습이 나타나느냐에 따라 '나'가 다르게 결정된다고 생각하는 거지. 사랑은 움직이는 거야, 라는 광고 대사가 있었는데 혹시 아니?

영민   아니요! 선생님 완전 옛날 사람.

선생님   그래, 오래된 광고니까 잘 모르겠지. 니체라면 "나는 움직이는 거야", 아니면 "나는 변하는 거야", 라고 말했을 거야. 그렇다고 되는대로 살다 보면 어떤 사람이 되어 있을 거라는 이야기가 아니라, 지난번에 이야기한 것처럼 우리는 변할 수 있는 존재니까 나만의 가치를 가지고 나 자신을 통

제할 수 있는 사람이 강한 사람이라는 뜻이지.

영민 그런 사람이 초인이잖아요.

선생님 맞았어.

다빈 그때 선생님이 초인은 슈퍼맨이라고 하셨으니 초인은 자신을 통제할 수 있는 강한 사람이네요.

선생님 그렇지! 이때 강하다는 것은 힘이 세다는 것이 아니라 자기 자신만의 가치를 가지고 사는 사람이라는 것도 기억하지? 아까 니체가 우리 자신에게 중요한 것은 몸이라고 이야기한 것처럼 초인은 자신의 몸도 잘 통제할 수 있는 사람이야. 그저 모든 본능을 있는 그대로 표출하는 것이 아니라 자신만의 가치를 가지고 몸을 잘 조절해야겠지.

재영 선생님, 몸을 조절한다는 것은 어떻게 하는 건가요?

선생님 니체가 아주 구체적으로 이야기한 것은 아니지만, 건강한 본능을 가지기 위해서 운동도 하고 규칙적인 생활을 하는 것 정도가 아닐까? 니체는 우리 삶의 많은 문제가 잘못된 생각 습관이나 생활 습관에서 생겨난다고 생각했어. 부정적으로 자신을 표현하는 말을 습관적으로 사용한다든가, 친구들에게 욕 같은 거친 표현을 쓴다든가, 시간을 아무렇게나 사용하거나, 자신이 생활하는 곳을 항상 더럽게 하거나, 자주 짜증내거나 화내는 습관 등등, 이런 것들이 우리 마음을 병들게 한다는 거지.

영민 자신만의 가치를 가지고 살기 위해서 정말 할 일이 많네요.

선생님 그래, 말처럼 쉬운 일은 아니겠지만, 자신의 삶을 예술 작품으로 만들어 가려는 사람이라면 이 정도는 할 수 있지 않을까. 지난번에도 말했지만 삶을 긍정하는 초인은 완벽한 사람이 아니라 자신의 삶을 소중하게 생각하는 사람이잖아. 자신의 삶을 긍정하면 다른 사람과 비교도 덜 하게 되고 다른 사람이 날 어떻게 평가할까, 아니면 내가 공부를 잘 못하거나 좋은 대학이나 좋은 직장에 못 가면 부모님께 사랑받지 못하는 건 아닐까, 이런 생각을 하면서 불안하지는 않겠지. 내 부족한 모습을 들킬까봐 불안하지도 않을 테고. 다른 사람에게 나를 증명하기 위해서 전전긍긍하지도 않을 거야. 그러면 자신도 더 사랑하게 되고, 자연스럽게 건강 관리와 시간 관리를 더 잘 할 수 있을 만큼 마음의 여유도 생겨서 다른 사람에게도 훨씬 넓은 마음으로 대할 수 있지 않을까? 그러니까 인간이면 누구나 불안할 수 있다는 프로이트의 말도 잘 생각해 보고, 자신의 가치를 가지고 사는 사람은 불안해 할 필요가 없다는 니체의 말도 곱씹어 보면서 즐겁게, 그리고 가치 있게 생활해 봐. 잘 할 수 있지?

영민 네. 선생님 덕분에 학기 초에 불안했던 마음도 많이 좋아진 것 같아요. 내가 왜 불안한지 잘 이해하니까 불안한 게 큰 문제가 아니고 내 마음이 사실 노력하고 있는 거구나, 라는 생각도 하게 됐어요. 또 선생님이 불안한 걸 불안해하지 말라고 하신 것도 도움이 되었구요.

재영 저도 미래에 대한 막연한 불안 같은 게 있었는데 제가 왜 그렇게 느끼는지 조금 이해하게 된 것 같아요. 미래에 대한 불안이 완전히 없어진 건 아니지만, 선생님 말씀대로 불안은 한편으로 미래를 준비할 수 있게 해 주는 거니까 좋게 생각하려구요. 그리고 저만의 가치도 계속 찾아봐야겠어요. 다른 사람을 도와주는 영웅은 못 되더라도 제 삶을 잘 꾸려 가는 영웅이나 예술가는 되어 보려구요.

다빈 오, 재영~ 너 완전 멋있어졌다. 네, 선생님 저도 선생님이 말씀해 주신 거 다시 곱씹어 보면서 더 고민해 보겠습니다!

선생님 오케이! 그럼 이번 학기 철학 이야기는 여기까지!

철학 쫌 아는 십대 02

불안 쫌 아는 10대
내 안의 불안은 어디에서 왔을까?

초판 1쇄 인쇄 2023년 3월 30일
초판 1쇄 발행 2023년 4월 14일

지은이 이재환
그린이 신병근
함께 그린이 선주리 · 정은수

펴낸이 홍석
이사 홍성우
인문편집팀장 박월
책임편집 박주혜
디자인 신병근
마케팅 이송희 · 한유리 · 이민재
관리 최우리 · 김정선 · 정원경 · 홍보람 · 조영행 · 김지혜

펴낸곳 도서출판 풀빛
등록 1979년 3월 6일 제2021-000055호
주소 07547 서울시 강서구 양천로 583, 우림블루나인 A동 21층 2110호
전화 02-363-5995(영업), 02-364-0844(편집)
팩스 070-4275-0445
홈페이지 www.pulbit.co.kr
전자우편 inmun@pulbit.co.kr

ISBN 979-11-6172-873-5 44100
      979-11-6172-806-3 44080(세트)